Talk To Me In Korean
Workbook
Level 9

written by
Talk To Me In Korean

Talk To Me In Korean Workbook (Level 9)

1판 1쇄 · 1st edition published	2022. 3. 14.
1판 2쇄 · 2nd edition published	2023. 3. 6.

지은이 · Written by	Talk To Me In Korean
책임편집 · Edited by	선경화 Kyung-hwa Sun, 김소희 Sohee Kim
디자인 · Designed by	선윤아 Yoona Sun, 이은정 Eunjeong Lee
삽화 · Illustrations by	까나리 존스 Sungwon Jang
녹음 · Voice Recordings by	선경화 Kyung-hwa Sun, 김예지 Yeji Kim, 유승완 Seung-wan Yu
펴낸곳 · Published by	롱테일북스 Longtail Books
펴낸이 · Publisher	이수영 Su Young Lee
편집 · Copy-edited by	김보경 Florence Kim
주소 · Address	04033 서울특별시 마포구 양화로 113, 3층(서교동, 순흥빌딩)
	3rd Floor, 113 Yanghwa-ro, Mapo-gu, Seoul, KOREA
이메일 · E-mail	TTMIK@longtailbooks.co.kr
ISBN	979-11-91343-42-7 14710

*이 교재의 내용을 사전 허가 없이 전재하거나 복제할 경우 법적인 제재를 받게 됨을 알려 드립니다.

*잘못된 책은 구입하신 서점이나 본사에서 교환해 드립니다.

*정가는 표지에 표시되어 있습니다.

TTMIK - TALK TO ME IN KOREAN

Talk To Me In Korean Workbook Level 9

Contents

How to Use the Talk To Me In Korean Workbook

This workbook is designed to be used in conjunction with the Talk To Me In Korean Level 9 lessons, which are available as both a paperback book and an online course at https://talktomeinkorean.com. Developed by certified teachers to help you review and reinforce what you have learned, each lesson in this workbook contains five to six activity sections chosen from five main review categories and 23 types of exercises.

Categories

1. Comprehension
2. Reading Comprehension
3. Listening Comprehension
4. Dictation
5. Speaking Practice

Types of Exercises

1. Complete the Sentence
2. Complete the Dialogue
3. Reading
4. Listening
5. Dictation
6. Listen & Repeat
7. Fill in the Blank
8. Conjugation Practice
9. Multiple Choice
10. Paraphrasing
11. True/False

In this Level 9 workbook, which is one of our advanced level books, instructions for each section are provided in Korean, with an English translation included underneath. And unlike our workbooks for beginners and intermediate learners, there is no separate vocabulary exercise at the beginning of each lesson in this book. Instead, vocabulary words that have never appeared previously or in the current Talk To Me In Korean lesson are provided with their meaning at the end of each lesson. Also, the Listening Comprehension and Reading Comprehension categories now appear in every lesson for you to practice listening and understanding various material, including conversations, radio shows, announcements, voice messages, text messages, news articles, diary entries, and letters. In the following two categories, Dictation and Speaking Practice, you review sample dialogues from the Talk To Me In Korean Level 9 grammar book. In the Answer Key at the back of the book, you can read a phonetic transcription of each dialogue, and phrases that are almost always pronounced like a single word can be found written together without any spaces. You can download the available audio files for this book from https://talktomeinkorean.com/audio or access the files conveniently through our audio mobile application, TTMIK: Audio.

Lesson 1.
Advanced Idiomatic Expressions 6 손 (Hand)

Section I - Complete the Dialogue

밑줄 친 부분을 채워서 대화를 완성하세요.

Complete each dialogue by choosing the correct expression.

1. A: 저희 어머니는 항상 음식을 너무 많이 하세요.

   B: 어머니가 ﹏﹏﹏﹏﹏﹏﹏﹏﹏﹏.

   a. 손이 크시군요.　　　　　b. 손을 씻으셨군요.　　　　　c. 손에 익으셨군요.

2. A: 저 사람 정말 큰 죄를 지었네.

   B: 응, ﹏﹏﹏﹏﹏﹏﹏﹏﹏ 소용없겠어.

   a. 손에 안 잡혀도　　　　　b. 손에 땀을 쥐어도　　　　　c. 손이 닳도록 빌어도

3. (스포츠 경기 중계* 방송에서)

   A: 네, 오늘 경기 정말 재미있는 경기였습니다.

   B: 그렇습니다. ﹏﹏﹏﹏﹏﹏﹏﹏﹏ 경기였어요.　　　　* 중계 = *relay, broadcast*

   a. 손에 안 잡히는　　　　　b. 손을 놓는　　　　　c. 손에 땀을 쥐는

4. A: 오늘 할 일이 많은데 왜 그렇게 ﹏﹏﹏﹏﹏﹏﹏﹏﹏?

   B: 일이 잘 안되네요. 밤에 잠을 못 자서 너무 피곤해요.

   a. 손 놓고 있어　　　　　b. 손 씻고 있어　　　　　c. 손 떼고 있어

5. A: 소희 씨, 오늘 처음 출근했는데 어때요? 힘들지 않아요?

   B: 일이 아직 ﹏﹏﹏﹏﹏﹏﹏﹏﹏ 어렵지만, 그래도 재미있어요.

   a. 손에 안 잡혀서　　　　　b. 손에 익지 않아서　　　　　c. 손에 땀을 쥐어서

6. (범죄* 영화에서)

    A: 형사님은 지금부터 이 일에서 ~~~~~~~~~~~~~~~~~~~~.

    B: 싫습니다. 끝까지 수사하고 싶습니다!

    * 범죄 = crime

    a. 손 떼세요   b. 손 놓으세요   c. 손 씻으세요

7. (전화 통화에서)

    A: 딸, 잘 지내지? 엄마는 우리 딸 보고 싶어서 일이 ~~~~~~~~~~~~~~~~~.

    B: 저도 보고 싶어요. 이번 주말에는 집에 꼭 갈게요.

    a. 손에 안 잡히네   b. 손이 닳도록 비네   c. 손에 땀을 쥐네

8. A: 그 사람은 어떤 사람이야?

    B: 아주 유명한 사기꾼이었는데 지금은 ~~~~~~~~~~~~~~~~.

    a. 손에 안 잡힌대요   b. 손을 놓았대요   c. 손을 씻었대요

9. A: 너 요즘 계속 운동하고 있어?

    B: 아니, 요즘 좀 바빠져서 ~~~~~~~~~~~~~~~~~. 그래서 건강이 안 좋아졌어.

    a. 손에 익지 않았어   b. 손 놓고 있었어   c. 손에 땀을 쥐고 있었어

10. A: 너 오늘 발표하는 날이었지? 많이 긴장했겠다.

    B: 응, 너무 긴장해서 아무것도 ~~~~~~~~~~~~~~~~.

    a. 손에 안 익었어   b. 손에 안 잡혔어   c. 손에 땀을 쥐었어

Section II - Reading Comprehension

다음 글을 잘 읽고 문제를 풀어 보세요.

Read the passage carefully and answer the questions.

> 옛날에는 집에 아이들이 많았다. 아이가 많으니까 한 번에 음식을 많이 만들어서 가족들이 다 같이 먹었다. 그래서 한국 어머니들은 요리하실 때 ⊙손이 아주 크시다. 우리 할머니는 처음에 음식을 많이 하는 것이 어려우셨다고 한다. ⓒ손으로 하는 것을 원래 잘 못하시는데, 많은 양의 요리를 해야 하니까 너무 힘드셨다고 한다. 그런데 지금은 음식을 많이 하는 것이 ⓒ손에 익어서, 음식을 조금만 하는 것을 어려워하신다. 이제 할머니는 연세가 많으셔서 요리에서는 @손을 떼셨지만, 전에는 한 번 요리를 하면 동네 사람들이 다 같이 와서 먹었다고 한다.

11. Choose the statement that is incorrect according to the passage.

a. 한국 어머니들은 음식을 한 번에 많이 드신다.

b. 글쓴이(the writer)의 할머니는 음식을 많이 만드는 것을 잘하신다.

c. 글쓴이의 할머니는 이제 요리를 잘 안 하신다.

d. 예전에는 이웃들과 음식을 같이 먹기도 했다.

12. Choose the expression where 손 is not used idiomatically.

a. ㉠　　　　b. ㉡　　　　c. ㉢　　　　d. ㉣

Section III - Listening Comprehension

이야기를 잘 듣고 문제를 풀어 보세요. 이야기는 두 번 들려 드립니다.

Listen to the story and answer the following questions. The story will be played twice.

* 액션 영화 = *action movie*
* 킬러 = *killer, hit man*

13. Choose the statement that is incorrect according to the story.

a. 영화의 주인공 석준은 사랑하는 여자를 만났다.

b. 영화의 주인공 석준은 어떤 여자 때문에 범죄에서 손을 씻었다.

c. 영화의 주인공 석준은 손에 땀이 많다.

14. Read the reviews of the people who watched this movie, and choose the person who used an idiomatic expression in an incorrect way.

a. 다혜: 석준은 사랑 때문에 범죄에서 손을 놓았군요. 정말 멋있어요.

b. 경화: 영화가 정말 재미있더라고요. 손에 땀을 쥐고 영화를 봤어요.

c. 지나: 석준을 보니까, 범죄에서 손을 떼는 건 정말 어려운 일인 것 같아요.

Section IV - Dictation

대화를 잘 듣고 밑줄 친 부분을 채우세요. 대화는 두 번 들려 드립니다.

Listen carefully and fill in the blanks. The dialogue will be played twice.

주연: 예지야, 우리 과제 15. _____

예지: 사실 오늘 아침에 엄마랑 싸워서 16. _____

주연: 그랬구나. 그럼 그렇게 걱정만 하지 말고 어머니께 빨리 사과드려.

예지: 응, 집에 가자마자 17. ~~~~~~~~~~~~~~~~~~~~~~~~~~~~~~~.

Section V - Speaking Practice

Section IV의 대화를 한두 문장씩 들려 드리고, 긴 문장은 나누어서 들려 드립니다.
잘 듣고 따라 하세요. 완전한 대화문은 Answer Key에서 확인할 수 있습니다.

A native speaker will read the dialogue from Section IV one or two sentences at a time. If a sentence is too long, it may be split into two or three parts. Listen and repeat after each part. You can check out the complete dialogue in the Answer Key at the back of the book.

Vocabulary

중계	relay, broadcast	딸	daughter	발표하다	to announce, to give a presentation	연세	age (honorific)
안되다	to not go well	지내다	to live, to spend time			동네	town, neighbor-hood
범죄	crime			양	amount	이웃	neighbor
사기꾼	a fraud, swindler						
수사하다	to investigate			어려워하다	to find it difficult	사과드리다	to apologize (honorific)

Lesson 2.
Completed Action
-아/어/여 버리다

Section I - Comprehension

밑줄 친 부분에 알맞은 단어를 고른 다음에, '-아/어/여 버렸어요'를 사용해서 문장을 완성하세요.

Complete the sentences using one of the words in the Word Bank and -아/어/여 버렸어요.

Word Bank

가다   잃다   잊다   끝나다   끝내다   꺼지다

지우다   말하다   지나치다   떨어지다

---

l. 제 친구는 정말 나빠요. 제 비밀을 다른 사람들한테 ～～～～～～～～～～～～～.

2. 제가 약속 시간에 늦어서 친구가 많이 화났나 봐요. 집에 ～～～～～～～～～.

3. 할머니가 주신 목걸이를 ～～～～～～～～～.

4. 제가 집에 늦게 와서 좋아하는 드라마가 이미 ～～～～～～～～～.

5. 하루 종일 핸드폰을 사용해서 핸드폰이 ～～～～～～～～～～.

6. 친구랑 만나려고 약속을 했는데 ～～～～～～～～.

7. 친구가 쓴 글을 실수로 ～～～～～～～～.

8. 공부가 너무 재미있어서 금방 다 ～～～～～～～～.

9. 제가 준배 씨 옷을 갑자기 잡아당겨서* 단추가 ～～～～～～～～.   * 잡아당기다 = *to pull*

lO. 버스에서 잠들어서 제가 내려야 할 정류장을 ～～～～～～～～～.

Section II - Complete the Dialogue

밑줄 친 부분에 알맞은 표현을 고르세요.

Choose the answer that best fits in the blank.

11. A: 경화 씨, 그 가방 살 거예요?

    B: 네, 조금 비싸서 고민하고 있는데, 예뻐서 그냥 살까 해요.

    A: 맞아요. 예쁜 게 최고죠. ~~~~~~~~~~~~~~~.

    a. 사 버려요   *b.* 샀어 버려요   *c.* 사 버렸어요

12. A: 아빠, 여기 있는 빵 못 보셨어요? 식탁 위에 있었는데 없어졌어요.

    B: 아, 그거 네 빵이었어? 내가 어제 ~~~~~~~~~~~~.

    A: 아빠! 그거 제 빵이 아니고 친구 거예요!

    a. 먹었어 버렸어   *b.* 먹어 버려   *c.* 먹어 버렸어

13. A: 다혜 씨, 왜 표정이 안 좋아요? 오늘 무슨 일 있었어요?

    B: 네, 저랑 정말 친한 친구가 갑자기 캐나다로 ~~~~~~~~~~~~.

    A: 그랬군요. 친구를 못 보게 돼서 정말 슬플 것 같아요.

    a. 지나쳐 버렸어요   *b.* 떨어져 버렸어요   *c.* 떠나 버렸어요

14. (전화 통화에서)

    A: 소희 씨, 뭐 하고 있었어요? 제가 계속 전화했는데.

    B: 자고 있었어요. 잠깐만 자려고 했는데 깊이 ~~~~~~~~~~~.

    A: 낮에 잠을 많이 자서 밤에 잠이 안 오겠어요.

    a. 잠들어 버리던데요   *b.* 잠들어 버렸나 봐요   *c.* 잠들어 버릴까 해요

15. A: 오랜만에 서울에 왔는데 기분이 어때요?

    B: 와, 제가 아는 식당이 다 없어졌네요. 완전히 ~~~~~~~~~~~~.

    A: 맞아요. 제가 좋아하던 카페들도 다 없어졌어요.

    a. 바뀌어 버려요   *b.* 바뀌어 버렸어요   *c.* 바뀌어 버릴 거예요

Section III - Listening Comprehension

TV 광고를 잘 듣고 문제를 풀어 보세요. 광고는 두 번 들려 드립니다.

Listen to the TV commercial and answer the following questions. The commercial will be played twice.

* 날리다 = to blow away
* 톡톡차 = Talk Talk tea (imaginary tea name)

16. Select the statement that you cannot confirm is true from the TV commercial.

    a. 톡톡차는 갑자기 살이 찐 사람들한테 좋다.

    b. 톡톡차를 마시면 살이 빠진다.

    c. 톡톡차를 마실 때 운동을 같이 하면 좋다.

17. Below are reviews from people who bought Talk Talk tea. Choose the set of answers that corresponds correctly with the blanks.

> /001/ ID: oh.happy.day
> ★★★★☆
>
> 요즘 살이 많이 _____ ㉠ _____, 톡톡차를 마시고 살이 5kg 빠졌어요!
> 톡톡차가 진짜 최고입니다!

> /002/ ID: lovelymoment
> ★☆☆☆☆
>
> 음... 다들 좋다고 해서 샀는데, 별로 안 좋네요. 저한테는 별로 효과가
> 없는 데다가 맛도 없어서 친구한테 _____ ㉡ _____.

> /001/ ID: oh.happy.day
> ★★★★★
>
> 생각보다 맛있어서 벌써 다 _____ ㉢ _____.
> 또 살 거예요! 완전 추천합니다!

	㉠	㉡	㉢
a.	쪄 버렸는데	줘 버렸어요	먹어 버렸어요
b.	쪄서 버렸는데	주고 버렸어요	먹고 버렸어요
c.	찌고 버렸는데	줬어요	먹여 버렸어요

Section IV - Dictation

대화를 잘 듣고 밑줄 친 부분을 채우세요. 대화는 두 번 들려 드립니다.

Listen carefully and fill in the blanks. The dialogue will be played twice.

지나: 저 남편이 사 준 목걸이를 잃어버렸어요.

주연: 정말요? 그거 지나 씨가 진짜 아꼈던 목걸이잖아요. 18. _____?

지나: 모르겠어요. 어딘가에 떨어졌는데 제가 19. _____

주연: 사무실에 있을 수도 있어요. 저랑 같이 찾아 봐요.

Section V - Speaking Practice

Section IV의 대화를 한두 문장씩 들려 드리고, 긴 문장은 나누어서 들려 드립니다.
잘 듣고 따라 하세요. 완전한 대화문은 Answer Key에서 확인할 수 있습니다.

A native speaker will read the dialogue from Section IV one or two sentences at a time. If a sentence is too long, it may be split into two or three parts. Listen and repeat after each part. You can check out the complete dialogue in the Answer Key at the back of the book.

Vocabulary

꺼지다	to be turned off	목걸이	necklace	정류장	stop, station	날리다	to blow away
지나치다	to pass by	하루 종일	all day long	표정	facial expression	효과	effect
화나다	to get angry	잡아당기다	to pull	캐나다	Canada	아끼다	to prize, to value
할머니	grandmother	단추	button, stud	오랜만에	after a long time, first time in a long while		

Section I - Complete the Dialogue

문장 상자에서 알맞은 문장을 골라서 대화를 완성하세요.

Choose the appropriate sentence from the sentence box and complete the dialogue.

Sentence Box
문장 상자

- 진짜 열 받는 일 있었어.
- 진짜 속상해요.
- 오늘은 춤출 기분 아니야.
- 저 지금 너무 화나는데 참고 있는 거예요.
- 진짜 어이가 없네.
- 그럴 기분 아니에요.
- 그냥 오늘 기분이 안 좋아요.
- 저 너무 서운해요.

1. A: 다혜 씨, 저 오늘 점심시간에 밥 먹지 말고 쉴까 해요.

   B: 네, 알았어요. 무슨 일 있어요? 어디 아파요?

   A: 아니요. ＿＿＿＿＿＿＿＿＿＿＿＿＿＿＿＿＿＿＿＿＿＿

   B: 그러면 제가 밥 먹고 들어오는 길에 맛있는 거 사다 줄게요.

2. A: 소희 씨, 오늘 일 끝나고 영화관 갈래요?

   B: 고맙지만 ＿＿＿＿＿＿＿＿＿＿＿＿＿＿＿ 열심히 공부했는데 시험을 잘 못 봤거든요.

   A: 그랬군요. 기분이 안 좋을 만하네요. 다음에 잘하면 되죠. 힘내요.

   B: 네, 위로해* 줘서 고마워요.

   * 위로하다 = *to comfort*

3. A: 야, 오늘 밤에 나랑 클럽 가서 춤추자!

   B: 싫어. ＿＿＿＿＿＿＿＿＿＿＿＿＿＿＿＿＿＿＿＿＿＿＿

   A: 너 아까 친구랑 싸워서 그래? 그냥 같이 가자. 춤추면 기분이 좋아질 거야.

   B: 흠... 그럼 같이 갈까?

4. A: 와, 나 오늘 아침에 ＿＿＿＿＿＿＿＿＿＿＿＿＿＿＿＿＿＿

   B: 누구야, 누가 우리 경화 열 받게 했어?

A: 버스에서 어떤 남자가 내 발을 세게 밟았는데 미안하다는 말도 안 하더라고.

B: 진짜? 와, 뭐 그런 사람이 다 있어? 발은 괜찮아?

5. A: 석준 씨, 어디예요? 오늘 저랑 저녁 식사 약속했잖아요.

B: 네? 그게 오늘이었어요? 저는 내일인 줄 알았어요. 제가 잘못 알았네요.

A: _____ 어떻게 그걸 잘못 알 수가 있어요?

B: 미안해요. 제가 지금 빨리 갈게요.

6. A: 너 나 좋아하지? 나 다 알고 있었어.

B: 뭐라고? 나 너 안 좋아해.

A: 뭐? _____ 그럼 왜 매일 연락했어?

B: 그냥 했지. 너는 내가 널 좋아하는 줄 알았어? 나도 진짜 어이가 없다.

7. A: 다혜 씨는 제가 이렇게 계속 장난쳐도* 화가 안 나요?

B: 당연히 화나죠. _____

A: 네? 정말요? 그럼 이제 장난* 안 칠게요.

B: 하하, 장난이에요. 저 화 안 났어요.

* 장난치다 = to mess with someone
* 장난 = joke

8. A: 요즘 한국어 때문에 _____

B: 한국어 때문에요? 왜요?

A: 아이가 한국어에 대해서 질문을 하는데 제가 한국어를 잘 못하거든요.

B: 그랬군요. 앞으로 저한테 많이 물어보세요. 제가 도와드릴게요.

Section II - Reading Comprehension

다음 글을 잘 읽고 문제를 풀어 보세요.

Read the passage carefully and answer the questions.

20XX년 2월 14일

오늘 아침에 진짜 열 받는 일이 있었다. 어젯밤에 내가 친구한테 주려고 만든 초콜릿을 동생이

다 먹어 버린 것이다. 진짜 속상했다. 예전에도 동생이 내가 만든 케이크를 다 먹은 적이 있었

다. 친구한테 생일 선물로 주려고 만든 케이크였는데, 동생이 다 먹어 버려서 정말 화가 났었

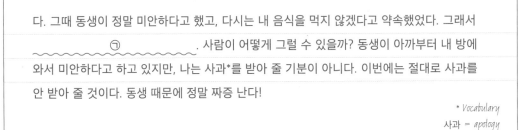

다. 그때 동생이 정말 미안하다고 했고, 다시는 내 음식을 먹지 않겠다고 약속했었다. 그래서

_____ ㉠ _____. 사람이 어떻게 그럴 수 있을까? 동생이 아까부터 내 방에

와서 미안하다고 하고 있지만, 나는 사과*를 받아 줄 기분이 아니다. 이번에는 절대로 사과를

안 받아 줄 것이다. 동생 때문에 정말 짜증 난다!

* *Vocabulary*
사과 = *apology*

9. Choose the statement that is correct according to the passage.

   a. '나'는 동생한테 주려고 초콜릿을 만들었다.

   b. 동생이 케이크를 다 먹어서 '나'는 슬펐다.

   c. '나'는 동생이 약속을 지키지 않아서 짜증이 난다.

10. Choose the sentence that best fits in the blank ㉠ in the passage.

   a. 오늘 이야기할 기분이 아니다

   b. 진짜 너무 화나는데 참고 있다

   c. 그 말을 믿고 있었는데 완전 실망했다

Section III - Listening Comprehension

대화를 잘 듣고 문제를 풀어 보세요. 대화는 두 번 들려 드립니다.

Listen to the conversation and answer the following questions. The conversation will be played twice.

* 빵빵거리다 = *to keep honking*

11. Choose what you can learn from the conversation.

   a. 남자는 최근에 기분 나쁜 일이 있었다.

   b. 남자는 열 받는 일이 있으면 항상 욕을 한다.

   c. 남자는 평소에 운전을 느리게 한다.

12. If the man were to express how he feels about last week's incident in one sentence, what might he say?

   a. 기분이 너무 안 좋았어요.

   b. 정말 서운했어요.

   c. 완전 실망했어요.

Section IV - Dictation

대화를 잘 듣고 밑줄 친 부분을 채우세요. 대화는 두 번 들려 드립니다.

Listen carefully and fill in the blanks. The dialogue will be played twice.

석진: 진짜 13. ꞏꞏꞏꞏꞏꞏꞏꞏꞏꞏꞏꞏꞏꞏꞏꞏꞏꞏꞏꞏꞏꞏꞏꞏꞏꞏꞏꞏꞏꞏꞏꞏꞏꞏꞏꞏꞏ .

현우: 왜요? 무슨 일 있었어요?

석진: 제 돈 빌려 간 친구가 제 전화를 계속 안 받았거든요. 근데 여기 보세요. 이렇게 여행 가서 사진 올렸어요.

현우: 진짜요? 와, 14. ꞏꞏꞏꞏꞏꞏꞏꞏꞏꞏꞏꞏꞏꞏꞏꞏꞏꞏꞏꞏꞏꞏꞏꞏꞏꞏꞏꞏꞏꞏꞏꞏꞏꞏ ?

Section V - Speaking Practice

Section IV의 대화를 한두 문장씩 들려 드리고, 긴 문장은 나누어서 들려 드립니다. 잘 듣고 따라 하세요. 완전한 대화문은 Answer Key에서 확인할 수 있습니다.

A native speaker will read the dialogue from Section IV one or two sentences at a time. If a sentence is too long, it may be split into two or three parts. Listen and repeat after each part. You can check out the complete dialogue in the Answer Key at the back of the book.

Vocabulary

춤추다	to dance	싸우다	to fight, to argue	장난치다	to mess with someone	짜증	annoyance
점심시간	lunch time, lunch break	세게	hard; strongly (infinitive form: 세다)	장난	joke	주제	topic
힘내다	to cheer up			초콜릿	chocolate	최근에	recently
위로하다	to comfort	밟다	to step on	사과	apology	빵빵거리다	to keep honking

Lesson 4.
Completed Action
-고 말다

Section I - Comprehension

다음 한국어 문장을 읽고 알 수 없는 것을 고르세요.

Choose the statement that you cannot assume is true based on each Korean sentence.

1. 결국 힘이 다 빠지고 말았어요.

   a. I didn't want to get exhausted, so I didn't use any energy.

   b. After a series of actions, I ended up using all my energy.

   c. I tried my best to continue, but eventually I became exhausted.

2. 이곳도 사막이 되고 말았어요.

   a. I'm disappointed that this place became a desert.

   b. The place used to be a desert before.

   c. This place has eventually become a desert.

3. 방이 너무 어두워서 머리를 벽에 부딪히고 말았어요.

   a. The room was dark.

   b. I did my best to find my way around in the dark.

   c. I managed to not hit my head against the wall.

4. 범인을 쫓아갔지만 놓치고 말았어요.

   a. I made an effort to catch the criminal.

   b. I ended up releasing the criminal.

   c. Eventually, I lost the criminal.

5. 가겠다는 약속을 하고 말았어요.

   a. I didn't necessarily want to go.

   b. I already made a promise to go with someone.

   c. I promised to go, but I ended up not going.

Section II - Complete the Sentence

상자에서 가장 어울리는 표현을 골라서 문장을 완성하고 영어로 번역하세요. 하나의 표현은 한 번만 사용됩니다.

Complete the sentences by choosing the most suitable expression from the box and translate the sentence into English. Each expression is used only once.

- 결국 깨뜨리고 말았어요
- 졸고 말았어요
- 또 옷을 사고 말았어요
- 계단에서 넘어지고 말았어요
- 제 자리를 뺏기고 말았어요

---

* 깨뜨리다 = to break, 뺏기다 = to be stolen

6. 수업 중에 너무 졸려서 〰〰〰〰〰〰〰〰〰〰〰〰〰〰〰〰〰.

    =

7. 지각하지 않으려고 뛰다가 〰〰〰〰〰〰〰〰〰〰〰〰〰〰.

    =

8. 커피를 사는 동안 〰〰〰〰〰〰〰〰〰〰〰〰〰〰〰〰〰〰.

    =

9. 이번 달에 돈이 얼마 없는데 〰〰〰〰〰〰〰〰〰〰〰〰〰〰.

    =

10. 제가 소희 씨한테 조심히 들고 가라고 했는데 〰〰〰〰〰〰〰〰.

    =

Section III - Reading Comprehension

아래는 '-고 말다'를 사용한 문장들입니다. 잘 읽고 문제를 풀어 보세요.

Read the sentences that contain -고 말다 below carefully and then answer the questions.

그 여자 거짓말에 또 〰〰〰〰〰 ㉠ 〰〰〰〰〰
다시는 그 여자에게 속지 않을 거야.

- 영화 <그 여자를 믿지 마세요, *Do Not Trust Her*> 중에서

12시가 되었어요. 신데렐라는 급하게 집으로 뛰어갔어요.
그러다가 계단에서 넘어져서, 유리 구두 하나가

ⓛ

― 책 〈신데렐라, *Cinderella*〉 중에서

김 형사님, 범인을 눈앞에서 _____ ⓒ _____
한 번만 더 믿어 주시면 꼭 잡아서 오겠습니다!

― 영화 〈범죄, *A Crime*〉 중에서

11. Choose the option that best fits in the blanks.

	㉠	㉡	㉢
a.	속고 말았어!	벗겨지고 말았어요.	놓치고 말았습니다.
b.	속고 말아야지!	벗기고 말았어요.	잡고 말았습니다.
c.	속고 말았네!	벗고 말았어요.	잡히고 말았습니다.

Section IV - Listening Comprehension

대화를 잘 듣고 문제를 풀어 보세요. 대화는 두 번 들려 드립니다.

Listen to the conversation and answer the following questions. The conversation will be played twice.

12. What kind of TV program is this likely from?

    a. A children's show   b. A medical drama   c. A sports game

13. Choose what you can find out from the dialogue.

    a. 김소희는 좋은 점수를 받지 못했다.

    b. 김소희는 공을 떨어뜨렸다.

    c. 김소희는 손목 치료를 받았다.

Section V - Dictation

대화를 잘 듣고 밑줄 친 부분을 채우세요. 대화는 두 번 들려 드립니다.

Listen carefully and fill in the blanks. The dialogue will be played twice.

캐시: 저 유튜브 시작했는데 악플이 조금씩 달리고 있어요.

다혜: 진짜요? 그런 댓글은 읽지 마세요.

캐시: 14. ‿‿‿‿‿‿‿‿‿‿‿‿‿‿‿‿‿‿‿‿‿‿‿‿.

다혜: 안 보는 게 좋아요. 안 그러면 15. ‿‿‿‿‿‿‿‿‿‿‿‿‿‿‿‿.

Section VI - Speaking Practice

Section V의 대화를 한두 문장씩 들려 드리고, 긴 문장은 나누어서 들려 드립니다.
잘 듣고 따라 하세요. 완전한 대화문은 Answer Key에서 확인할 수 있습니다.

A native speaker will read the dialogue from Section V one or two sentences at a time. If a sentence is too long, it may be split into two or three parts. Listen and repeat after each part. You can check out the complete dialogue in the Answer Key at the back of the book.

Vocabulary

깨뜨리다	to break	조심히	carefully, cautiously	구두	dress shoes	손목	wrist
계단	stairs	속다	to be deceived	벗기다	to take off (clothing)	자꾸	repeatedly, again and again
자리	seat, table	급하게	in a rush	잡히다	to be caught	치료	treatment
뺏기다	to be stolen, to be taken away	뛰어가다	to run, to dash	선수	player	안타깝다	to be sad, to be pitiful

Lesson 5.
Advanced Situational Expressions 8
걱정될 때 (When You Are Worried)

Section I - Complete the Dialogue

문장 상자에서 알맞은 문장을 골라서 대화를 완성하세요.

Choose the appropriate sentence from the sentence box and complete the dialogue.

Sentence Box
문장 상자

- 이미 갖고 있는 책이면 어떡하죠
- 망칠까 봐 불안해요
- 뭐가 되려고 하는지 걱정이에요
- 안 맞을까 봐 걱정이에요
- 떨어지면 어떡하죠
- 큰일이네요
- 못 들어가면 어떡하죠
- 이미 읽은 책일까 봐 걱정이에요
- 걱정돼 죽겠어요
- 많이 아프면 어떡해요

[1~2]

A: 내일 회사 면접 보는데 면접을 1. _____ .

B: 잘할 수 있을 거예요. 지금까지 준비 많이 했잖아요.

A: 그래도 혹시 면접에서 2. _____ ?

B: 떨어지면 또 다른 좋은 회사가 기다리고 있을 거예요. 걱정하지 마세요.   * 면접 = *job interview*

[3~4]

A: 저 지금 3. _____ .

B: 왜요? 무슨 일 있어요?

A: 아침에 집에서 나올 때 문을 잘 안 닫고 나온 것 같아요.

B: 네? 그거 진짜 4. _____ . 지금이라도 집에 다녀오는 게 어때요?

[5]

A: 승완 씨, 우리 빨리 가요. 그 식당 진짜 인기 많아서 빨리 가야 돼요.

B: 갔는데 사람이 너무 많아서 식당 안에 5. _____ ?

A: 그러면 식당 앞에서 조금 기다리면 되죠.

[6]

A: 인터넷에서 청바지를 샀는데 괜찮을까요?

B: 저는 청바지는 절대 인터넷에서 안 사요. 살 때마다 잘 안 맞더라고요.

A: 저도 6. _____.

[7]

A: 조카가 공부를 너무 안 해요. 나중에 커서 7. _____.

B: 제 친구 중에도 공부 안 하는 친구가 있었는데, 지금은 사장님이 되어서 잘 살고 있어요.

A: 그래요? 그러면 걱정 안 해도 되겠네요.

[8]

A: 오늘 정말 할 일이 많은데 몸이 너무 안 좋아요.

B: 아무리 할 일이 많아도 좀 쉬세요. 그러다가 몸이 8. _____?

A: 알겠어요. 휴게실에서 조금 쉬고 올게요.

[9~10]

A: 예지 씨, 다혜 씨 생일 선물 준비했어요?

B: 네, 준비하긴 했는데 다혜 씨가 9. _____

A: 아, 책 샀어요?

B: 네. 다혜 씨가 10. _____?

Section II - Reading Comprehension

다음은 라디오 뉴스의 일부입니다. 잘 읽고 문제를 풀어 보세요.

The following is an excerpt from a radio news program. Read the passage carefully and answer the questions.

이번 여름 폭우 때문에 농민들이 큰 어려움을 겪고 있습니다. 벌써 17일째 비가 계속 내리고 있어서 농민들은 걱정이 많습니다. 지금은 잠시 비가 그쳤지만, 아직은 마음을 놓기가 어렵습니다. 농민 ○○○ 씨는 "언제 다시 비가 내릴지 몰라서 불안해 미치겠어요. 채소들이 모두 물에 잠겨서 팔 수 없게 될까 봐 걱정이에요"라고 말했습니다. 전문가들은 이번 폭우 때문에 채소 가격이 크게 오를 것이라고 예상하고 있습니다.

* Vocabulary

농민 = farmer   겪다 = to experience   잠기다 = to sink   예상하다 = to expect, to anticipate

11. Choose the statement that is correct according to the news.

    a. 눈이 많이 와서 농민들이 걱정을 하고 있다.

    b. 농민들은 비가 다시 내리지 않을까 봐 불안해하고 있다.

    c. 전문가들은 채소 가격이 비싸질 거라고 생각한다.

12. Below are some reactions from people who listened to the news. Choose the set of phrases that correctly completes the sentences.

예지: 비가 그렇게 많이 왔대요? _____ ㉠	
승완: 하늘을 막을 수도 없고 _____ ㉡	
경은: 빨리 폭우 피해* 문제가 _____ ㉢	* 피해 = damage

	㉠	㉡	㉢
a.	정말 큰일이네요.	어떻게 하면 좋죠?	잘 해결됐으면 좋겠어요.
b.	어떡하죠?	불안해 미치겠어요.	큰일이네요.
c.	어떻게 걱정이 안 돼요?	잘 해결됐으면 좋겠어요.	마음이 안 놓여요.

Section III - Listening Comprehension

대화를 잘 듣고 문제를 풀어 보세요. 대화는 두 번 들려 드립니다.

Listen to the conversation and answer the following questions. The conversation will be played twice.

13. Choose the sentence that is correct according to the dialogue.

    a. 남자는 머리카락이 빠져서 걱정이다.

    b. 여자는 머리카락이 다 없어질까 봐 걱정이다.

    c. 남자는 머리카락이 점점 더 많이 빠지고 있다.

14. What is the man least likely to say after the conversation is finished?

    a. 다른 샴푸를 써 볼까 해요.

    b. 걱정돼 죽겠어요.

    c. 큰일이네요.

Section IV - Dictation

대화를 잘 듣고 밑줄 친 부분을 채우세요. 대화는 두 번 들려 드립니다.

Listen carefully and fill in the blanks. The dialogue will be played twice.

경화: 15. _____. 오늘 대학원 합격자 발표 날이거든요.

석진: 16. _____. 합격할 거예요.

경화: 아니에요. 너무 불안해요. 17. _____?

석진: 그럴 리가 없어요. 열심히 했으니까 붙을 거예요.

Section V - Speaking Practice

Section IV의 대화를 한두 문장씩 들려 드리고, 긴 문장은 나누어서 들려 드립니다. 잘 듣고 따라 하세요. 완전한 대화문은 Answer Key에서 확인할 수 있습니다.

A native speaker will read the dialogue from Section IV one or two sentences at a time. If a sentence is too long, it may be split into two or three parts. Listen and repeat after each part. You can check out the complete dialogue in the Answer Key at the back of the book.

Vocabulary

면접	job interview	어려움	difficulty, trouble	잠기다	to sink	피해	damage
조카	nephew, niece	겪다	to experience	전문가	expert	머리카락	hair
휴게실	lounge	-째	for (a certain period)	오르다	to rise	빠지다	to fall out
여름	summer			예상하다	to expect	점점	more and more
폭우	heavy rain	채소	vegetable	막다	to block	샴푸	shampoo
농민	farmer	모두	all				

Lesson 6.
Advanced Idiomatic
Expressions 7   발 (Foot)

Section I - Complete the Dialogue

표현 상자에서 알맞은 표현을 고르고, 주어진 어미를 사용해서 대화를 완성하세요.

Complete each dialogue using an appropriate expression from the Expression Box and the given ending.

Expression Box
표현 상자

• 새 발의 피	• 발이 넓다	• 발로 뛰다	• 발을 끊다
• 발 디딜 틈이 없다	• 발 벗고 나서다	• 한발 늦다	• 발이 묶이다

1. A: 현우 씨는 정말 친구가 많아요.

    B: 그래요? 어떻게 그렇게 _____ (-(으)ㄹ까요?)

    A: 친구 일이면 뭐든지 _____ (-거든요.) 그래서 친구가 많은가 봐요.

2. A: 팔이 왜 그래요? 많이 다쳤네요.

    B: 네, 어제 넘어져서 팔을 많이 다쳤어요.

    A: 저도 얼마 전에 팔을 조금 다쳤는데, 제가 다친 건 _____ (-네요.)

3. A: 이번 봄에 OO 놀이공원에 가 보고 싶어요.

    B: 그 놀이공원 진짜 유명하죠. 그래서 갈 때마다 _____ (-아/어/여요.)

    A: 사람 많은 건 싫지만 그래도 얼마나 좋은지 궁금해서 가 보고 싶네요!

4. A: 소희 씨! 정말 좋은 집으로 이사했네요. 이렇게 좋은 집을 어떻게 찾았어요?

    B: 한 달 동안 직접 _____ (-죠.) 정말 열심히 알아봤어요.

    A: 그랬군요. 정말 대단하네요!

5. A: 혹시 남은 밥 있어요?

    B: 아니요, 방금 제가 다 먹었어요.

    A: 하하, 제가 _____ (-네요.)

28   *Talk To Me In Korean Workbook*

6. A: 엄마, 비가 너무 많이 와서 서울로 가는 비행기가 다 취소됐대요.

   B: 그래? 공항에 _____ (-아/어/여서) 어떡해?

   A: 그래도 내일 아침에는 비행기 탈 수 있대요!

7. A: 살을 빼야 하는데 어떻게 하죠?

   B: 일단 매일 가는 빵집부터 _____ (-아/어/여 봐요.)

   A: 그게 그렇게 쉽지 않더라고요.

Section II - Reading Comprehension

다음 글을 잘 읽고 문제를 풀어 보세요.

Read the passage carefully and answer the questions.

지금 OO 회사의 주식을 사려고 한다고요? ㉠당신은 한발 늦었습니다. 오늘 아침에 OO 회사 주식의 가격이 많이 올랐다가 지금은 떨어지고 있기 때문입니다. 요즘 ㉡주식 투자에 발을 담그는 사람들이 정말 많아졌습니다. 주식 시장에서는 ㉢발 빠르게 움직이는 사람들이 돈을 벌게 되어 있습니다. 그래서 주식 시장에서 돈을 벌고 싶으면, 좋은 정보를 가지고 빠르게 결정하는 것이 중요합니다.

* Vocabulary

주식 = stock, share   투자 = investment

---

8. Choose the sentence that is correct according to the passage.

   a. OO 회사의 주식 가격은 계속 오르고 있다.

   b. 요즘은 주식 투자를 하는 사람이 별로 없다.

   c. 주식 시장에서는 발 빠르게 움직이는 것이 중요하다.

9. Which of the following can replace ㉠?

   a. 당신은 조금 늦어서 아직 기회가 있습니다.

   b. 당신은 조금 늦어서 기회를 놓쳤습니다.

   c. 당신은 많이 늦어서 이미 기회가 없습니다.

10. Choose the answer that can replace ㉡.

   a. 주식 투자를 조금만 하는 사람들

   b. 주식 투자를 하는 사람들

   c. 주식 투자를 안 하는 사람들

11. *Which of the following can replace* ©?

    a. 빨리 문제를 해결하는 사람들

    b. 빨리 뛰거나 빨리 걷는 사람들

    c. 주식을 빨리 사고 빨리 파는 사람들

Section III - Listening Comprehension

대화를 잘 듣고 문제를 풀어 보세요. 대화는 두 번 들려 드립니다.

Listen to the conversation and answer the following questions. The conversation will be played twice.

12. *What will the man say after* 그러니까?

그러니까 ~~_____~~ .

    a. 내일은 차에서 내려서 발로 뛰세요

    b. 내일은 조금만 발 빠르게 움직여 보세요

    c. 내일은 집에서 나올 때 발 벗고 나서 보세요

13. *Choose the sentence that is correct according to the dialogue.*

    a. 윤아는 오늘 출근할 때 회사까지 걸어서 왔다.

    b. 윤아는 오늘 아침에 길 위에서 한 시간을 보냈다.

    c. 어제 아침에는 오늘 아침보다 도로에 차가 더 많았다.

Section IV - Dictation

대화를 잘 듣고 밑줄 친 부분을 채우세요. 대화는 두 번 들려 드립니다.

Listen carefully and fill in the blanks. The dialogue will be played twice.

석진: 아! 14. ~~_____~~ . 벌써 식당이 꽉* 찼어요.

경은: 와! 이 식당은 진짜 인기가 많은가 봐요. 15. ~~_____~~

석진: 저 건너편 집으로 갈까요?

경은: 아, 저기는 바뀐 주인이 16. ~~_____~~ .

                                  * 꽉 = *tight, tightly*

Section V - Speaking Practice

Section IV의 대화를 한두 문장씩 들려 드리고, 긴 문장은 나누어서 들려 드립니다. 잘 듣고 따라 하세요. 완전한 대화문은 Answer Key에서 확인할 수 있습니다.

A native speaker will read the dialogue from Section IV one or two sentences at a time. If a sentence is too long, it may be split into two or three parts. Listen and repeat after each part. You can check out the complete dialogue in the Answer Key at the back of the book.

Vocabulary

팔	arm	공항	airport	오르다	to rise, to increase	건너편	the opposite side, the other side
놀이공원	theme park	빵집	bakery	도로	road	바뀌다	to be changed
돌아다니다	to go around, to wander	주식	stock, share	막히다	to be blocked, to be clogged		
취소되다	to be canceled	투자	investment	꽉	tight, tightly		
		벌다	to earn				

Lesson 7.
Word Builder 18   비 (非)

Section I - Fill in the Blank

다음은 Talk To Me In Korean Level 9 Lesson 7에서 배운 단어들입니다. 알맞은 단어를 골라 밑줄 친 부분을 채우세요. 한 단어가 여러 번 쓰일 수도 있습니다.

Below are some of the words that you learned in Talk To Me In Korean Level 9 Lesson 7. Choose the most appropriate word to fill in each blank. Words can be used more than once.

비공식	비회원	비정상	비주류	비인간적
비범	비인기	비공개	비협조적	비전문적
비상구	비상계단	비무장 지대	시비	

1. 그 사람은 정말 평범하지 않은 사람이네요.

   = 그 사람은 정말 _____ 한 사람이네요.

2. 회원이 아닌 사람은 글을 못 씁니다.

   = _____ 은 글을 못 씁니다.

3. 전문적이지 않은 글은 믿을 수가 없습니다.

   = _____ 인 글은 믿을 수가 없습니다.

4. 회사에서 다 같이 청소를 하는데, 사람들이 잘 도와주지 않았어요.

   = 회사에서 다 같이 청소를 하는데, 사람들이 _____ 이었어요.

5. 그 사람은 정상이 아니에요.

   = 그 사람은 _____ 이에요.

6. 그 사람은 _____ 장르의 음악을 좋아하더라고요. 유명한 노래는 별로 안 좋아한대요.

7. 지금 엘리베이터가 고장 났어요. _____ 을 이용하세요.

8. A: 지난주에 배우 OOO 씨가 가수 XXX 씨랑 결혼했대요.

B: 맞아요. ～～～～～～～～ 결혼식으로 했다고 하더라고요.

9. A: 길에서 어떤 사람이 저한테 ＿＿＿＿＿＿＿＿＿를 걸었어요. 화가 나서 싸울 뻔했어요.

B: 결국 안 싸웠다는 말이죠? 잘 참았어요.

10. A: 형사님, 범인이 수사에 정말 ＿＿＿＿＿＿＿＿＿입니다. 저희가 묻는 말에 대답을 하나도 안 해요.

B: 그래요? 제가 직접 범인이랑 이야기해 볼게요.

Section II - Reading Comprehension

아래는 TTMIK 여행사의 웹사이트입니다. 다음 글을 잘 읽고 문제를 풀어 보세요.

Read the TTMIK travel agency website below carefully and answer the following questions.

11. *Select the person who understood the advertisement correctly.*

지나: 비회원도 할인을 받을 수 있나 봐. 정말 좋다!

다혜: 비무장 지대에서 사진도 자유롭게 찍을 수 있대.

경화: 그래? 나는 비공개 구역에서는 사진을 찍을 수 없다고 들었어.

소희: 안내원의 안내에 따르지 않고 비협조적으로 행동하자. 그러면 관광이 더 재미있어질 거야!

a. 지나   b. 다혜   c. 경화   d. 소희

Section III - Listening Comprehension

뉴스를 잘 듣고 문제를 풀어 보세요. 뉴스는 두 번 들려 드립니다.

Listen to the news and answer the following questions. The news will be played twice.

* 훈련 = *training*
* 과연 = *indeed, really*
* 기대되다 = *to be expected*

12. *Choose the statement that is incorrect according to the news.*

a. *Jina Kim won the gold medal in the Olympics.*

b. *Jina Kim is doing special training to prepare for the Olympics.*

c. *Jina Kim is training privately.*

d. *Jina Kim was remarkable even when she was young.*

13. *Choose the expression that does not use* 비 *that is based on the Chinese character,* 非*. More than one answer may be possible.*

a. 비공식 대회   b. 올림픽 준비   c. 비밀 훈련   d. 비공개 진행

Section IV - Dictation

대화를 잘 듣고 밑줄 친 부분을 채우세요. 대화는 두 번 들려 드립니다.

Listen carefully and fill in the blanks. The dialogue will be played twice.

캐시: 한국 여자 컬링 팀 올림픽에서 금메달 땄죠?

경화: 아니요, 은메달 땄어요. 14. _____.

컬링은 한국에서 15. _____ 비주류 종목이었거든요.

캐시: 우와, 대단하네요!

Section V - Speaking Practice

Section IV의 대화를 한두 문장씩 들려 드리고, 긴 문장은 나누어서 들려 드립니다.
잘 듣고 따라 하세요. 완전한 대화문은 Answer Key에서 확인할 수 있습니다.

A native speaker will read the dialogue from Section IV one or two sentences at a time. If a sentence
is too long, it may be split into two or three parts. Listen and repeat after each part. You can check
out the complete dialogue in the Answer Key at the back of the book.

Vocabulary

평범하다	to be ordinary	가입	sign up	안내원	guide, usher	훈련	training
엘리베이터	elevator	로그인	login	안내	guidance	과연	indeed, really
싸우다	to fight, to argue	여행사	travel agency	선수	player	기대되다	to be expected
수사	investigation	아이디	ID	기대	expectation		
투어	tour	구역	area, zone	현재	present		
할인	discount	촬영	filming, shooting	특별하다	to be special		

Lesson 8.
Advanced Situational Expressions 9
부탁할 때 (When You Ask For A Favor)

Section I - Comprehension

영어 번역을 참고해서, 밑줄 친 부분에 들어갈 말로 틀린 것을 고르세요.

Choose the sentence that cannot fill in the blank based on the translation provided.

1. A: 죄송한데요, _____? 제가 핸드폰을 잃어버려서요.

   = could I borrow your phone?

   B: 아, 그래요? 네, 쓰고 주세요.

   A: 감사합니다.

   a. 혹시 전화기 좀 빌릴 수 있을까요   b. 혹시 핸드폰 좀 빌려주실 수 있으세요

   c. 혹시 전화기 빌려드릴까요   d. 혹시 전화 한 번만 할 수 있을까요

2. A: 엄마, 저 마트 갔다 올 건데 필요한 것 있으세요?

   B: 음... 그러면 _____?

   = since you are going (to the supermarket) anyway, can you get me some tissues?

   A: 네, 알겠어요.

   a. 가는 김에 휴지도 사 올 수 있어   b. 너 가는 김에 나도 가면 안 될까

   c. 가는 김에 휴지 좀 사 올래   d. 가는 김에 휴지도 사다 줄 수 있을까

3. A: 희주 씨, _____?

   = can I borrow your pen?

   B: 저도 펜이 없어요. 아, 소희 씨한테 펜이 많대요.

   A: 그래요? 알려 주셔서 감사해요.

   a. 혹시 펜 좀 빌려줄 수 있어요   b. 저 펜 좀 빌릴 수 있을까요

   c. 혹시 펜 있으면 빌려주실 수 있어요   d. 저한테 펜 빌리실래요

4. A: 석진 씨, <u>   </u>? 책상을 옮겨야 해서요.
            = can you help me for just a second?

    B: 네, 어디로 옮기면 돼요?

    a. 저 잠깐만 도와주실 수 있을까요   *b.* 저 조금만 도와줄 수 있어요

    c. 제가 조금 도울 수 있을까요   *d.* 혹시 저 좀 도와주실 수 있어요

5. A: 선생님, 내일 수업에서 뵈어요.

    B: 그래, <u>   </u>.
            = I'm asking you to please not be late tomorrow.

    a. 내일은 제발 좀 늦지 마   *b.* 제발 부탁이니까 내일은 늦지 마

    c. 내일은 제발 늦지 말고 부탁 좀 해 줘   *d.* 제발 내일은 늦지 마

Section II - Reading Comprehension

이 글은 선현우 선생님이 Cassie에게 받은 이메일입니다. 잘 읽고 문제를 풀어 보세요.

Below is an email that the Korean teacher Hyunwoo Sun received from a Korean learner named Cassie. Read the email carefully and answer the questions.

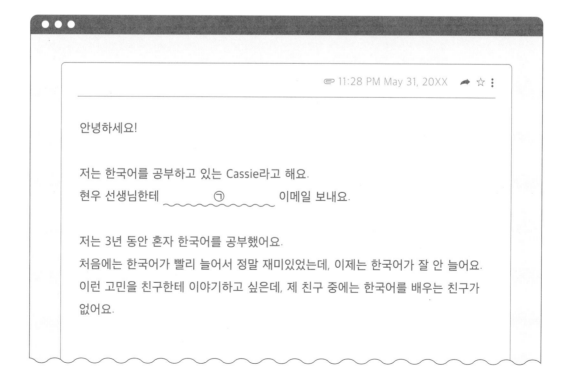

✉ 11:28 PM May 31, 20XX   ➤ ☆ ⋮

안녕하세요!

저는 한국어를 공부하고 있는 Cassie라고 해요.
현우 선생님한테 <u>   ㉠   </u> 이메일 보내요.

저는 3년 동안 혼자 한국어를 공부했어요.
처음에는 한국어가 빨리 늘어서 정말 재미있었는데, 이제는 한국어가 잘 안 늘어요.
이런 고민을 친구한테 이야기하고 싶은데, 제 친구 중에는 한국어를 배우는 친구가
없어요.

_____ ⓛ _____, 제가 한국에 가면 혹시 현우 선생님을 한번 만날 수 있을까요? 만나서 제 한국어 고민에 대해서 같이 이야기하면 저한테 정말 큰 도움이 될 것 같아요.

답장 기다릴게요. 감사합니다.

Cassie 드림

6. Choose the sentence that is incorrect according to the email.

a. Cassie는 한국어 고민에 대해서 같이 얘기할 친구가 별로 없다.

b. Cassie는 현우 선생님한테 물어보고 싶은 한국어 문법 질문이 많다.

c. Cassie는 현우 선생님을 만나면 한국어 고민에 대해서 이야기할 것이다.

7. Choose the phrase that cannot fill in the blank ㉠ based on the context.

a. 부탁할 게 있어서

b. 부탁을 하나 하려고

c. 부탁한 거 잊지 말라고

8. Based on the English translation below, what is the phrase that fills in the blank ⓛ and makes you sound more polite when you ask someone for a favor? Write it below.

~~~~~~~~~~~~~~~~~~~~~~~~~~~~~~~~~~

= I understand if it might be a bit difficult, but

Section III - Listening Comprehension

대화를 잘 듣고 문제를 풀어 보세요. 대화는 두 번 들려 드립니다.

Listen to the conversation and answer the following questions. The conversation will be played twice.

9. Choose the sentence that is correct according to the dialogue.

a. 여자는 머리가 아파서 남자에게 부탁을 하고 있다.

b. 여자는 남자한테 휴지를 가져와 달라고 부탁했다.

c. 남자는 여자가 부탁한 대로 불을 껐다.

10. Which of the following things did the woman say during the conversation?

    a. 내 운동 좀 도와줄래?

    b. 오는 길에 불도 좀 꺼 줘.

    c. 가는 김에 빵도 가져다줄 수 있어?

Section IV - Dictation

대화를 잘 듣고 밑줄 친 부분을 채우세요. 대화는 두 번 들려 드립니다.

Listen carefully and fill in the blanks. The dialogue will be played twice.

* 전등 = *(electric) light, (electric) lamp*
* 끼우다 = *to put in, to fit into*

경은: 현우 씨, 부탁할 게 있는데요. 11. _____ 전등 좀 갈아 끼워 12. _____?

현우: 그럼요. 전등 어디 있어요?

경은: 지금 나가서 사 오려고요.

현우: 아, 그럼 13. _____ 우유 좀 14. _____?

경은: 네, 그럴게요.

Section V - Speaking Practice

Section IV의 대화를 한두 문장씩 들려 드리고, 긴 문장은 나누어서 들려 드립니다.
잘 듣고 따라 하세요. 완전한 대화문은 Answer Key에서 확인할 수 있습니다.

A native speaker will read the dialogue from Section IV one or two sentences at a time. If a sentence is too long, it may be split into two or three parts. Listen and repeat after each part. You can check out the complete dialogue in the Answer Key at the back of the book.

Vocabulary

휴지	tissue	도움	help	흘리다	to spill	갈다	to change, to replace
책상	desk	짜증	irritation, annoyance	전등	(electric) light, (electric) lamp	끼우다	to put in, to fit into
이메일	email						

Lesson 9.
Simplifying A Sentence Ending -(으)ㅁ

Section I - Comprehension

상자 안에 있는 단어를 '-(으)ㅁ' 형태로 바꿔서 밑줄 친 부분을 채우세요. 하나의 단어는 한 번만 사용됩니다.

Fill in the blanks by conjugating the words in the box with -(으)ㅁ. Each word is used only once.

믿다 졸다 얼다 웃다 젊다

1. '나는 할 수 있다'라는 _____ 을/를 가지세요.

2. 다혜 씨는 _____ 이/가 많아요.

3. 콜라 한 잔 주세요. _____ 은/는 빼고 주세요.

4. 저는 공부를 하려고 하면 갑자기 _____ 이/가 와요.

5. _____ 은 다시 돌아오지 않아요.

Section II - Complete the Dialogue

밑줄 친 부분에 들어갈 수 없는 말을 고르세요.

Select the phrase that cannot fit in the blank.

6. A: 희주 씨는 춤추는 게 좋아요, 노래하는 게 좋아요?

   B: 둘 다 좋아요. 그런데 _____ 더 좋아해요.

   a. 춤을 추는 걸   *b.* 춤추는 걸   *c.* 추는 걸

7. A: 어제 잘 잤어요?

   B: 많이는 못 잤어요. _____ 현우 씨가 나왔거든요.

   a. 꿈을 꿨는데   *b.* 꿈을 했는데   *c.* 꿈꿨는데

8. A: 소희 씨는 잘 때 〰〰〰〰〰〰〰〰〰〰〰〰〰〰〰?

　B: 꿈 자주 꾸는데, 일어나자마자 바로 잊어버리는 편이에요.

　a. 꿈을 많이 꾸는 편이에요　　　b. 많이 꾸는 편이에요　　　c. 꿈을 잘 안 꾸는 편이에요

9. A: 예지 씨는 꿈이 뭐예요?

　B: 〰〰〰〰〰〰〰 제 꿈이에요.

　a. 행복을 삶는 게　　　b. 행복한 삶을 사는 게　　　c. 행복하게 사는 게

10. A: 공항에서부터 〰〰〰〰〰〰〰〰〰〰〰〰 너무 힘들어요.

　B: 무거웠겠어요! 이제 여기에 짐 내려놓고 조금 쉬세요.

　a. 짐 세 개를 지고 와서　　　b. 짐을 지고 와서　　　c. 세 개를 지고 와서

Section III - Reading Comprehension

'-(으)ㅁ'이 일상 속에서 사용된 예시들을 잘 보고 문제를 풀어 보세요.

Look carefully at the examples of how -(으)ㅁ can used in everyday situations, and then answer the following questions.

Example 1

MEMO

냉장고에 간식 ㉠있음!
학교 다녀와서 먹어.
엄마가

Example 2

CAUTION

발 ㉡조심!
승강장*과 열차
사이가 넓습니다.

* 승강장 = *platform*

Example 3

나 오늘 저녁 먹고 ㉢들어감!

응, 알겠어~

Example 4

NOTICE

주차 금지!
여기에 주차하면
㉣견인함

11. Select the statement about the examples above that is incorrect.

    a. Example 1 is a note from a mom to her child or children.

    b. Example 2 is a warning about the gap between the platform and the train.

    c. In example 3, replacing -(으)ㅁ with -기 will make the sentence sound more informal.

    d. In example 4, -(으)ㅁ is used because it is shorter than other endings such as 견인해요 or 견인합니다.

12. Choose the instance in which -(으)ㅁ is not used to change the verb into its noun form.

    a. ㉠   b. ㉡   c. ㉢   d. ㉣

Section IV - Listening Comprehension

이것은 Sing Again이라는 노래입니다. 노래를 잘 듣고 문제를 풀어 보세요. 노래는 두 번 들려 드립니다.

Listen carefully to the song "Sing Again" and answer the following questions. The song will be played twice.

13. Choose the word that was not in the lyrics of the song.

    a. 삶   b. 춤   c. 슬픔   d. 깊음   e. 웃음

14. Which of the following is contained in the song lyrics?

    a. You need to watch the movie "La La Land" when you are tired.

    b. You will cry if you listen to this song.

    c. You will be happy if you sing a song.

    d. You will want to dance when you feel your life is heavy.

Section V - Dictation

대화를 잘 듣고 밑줄 친 부분을 채우세요. 대화는 두 번 들려 드립니다.

Listen carefully and fill in the blanks. The dialogue will be played twice.

경화: 주연 씨, 왜 얼음을 씹어 먹고 있어요?

주연: 15. _____.

경화: 그렇게 졸려요?

주연: 네, 사실 방금 졸다가 16. _____.

Section VI - Speaking Practice

Section V의 대화를 한두 문장씩 들려 드리고, 긴 문장은 나누어서 들려 드립니다.
잘 듣고 따라 하세요. 완전한 대화문은 Answer Key에서 확인할 수 있습니다.

A native speaker will read the dialogue from Section V one or two sentences at a time. If a sentence
is too long, it may be split into two or three parts. Listen and repeat after each part. You can check
out the complete dialogue in the Answer Key at the back of the book.

Vocabulary

춤추다 to dance	내려놓다 to put down	견인하다 to tow	가득하다 to be full
꿈꾸다 to dream	승강장 platform	누구나 anyone	사라지다 to disappear
공항 airport	열차 train		

Lesson 10.
Sentence Building Drill 15

Section I - Comprehension

A와 B 표현 상자에서 알맞은 표현을 골라 그림을 설명하는 문장을 완성하고 영어로 번역하세요. 첫번째 문제는 정답이 쓰여 있습니다.

Write a sentence that describes the picture by connecting one phrase from box A, one from box B, and -다가 or -(으)려고 했는데. Then translate the sentence into English. The first one has been done for you.

Expression Box
표현 상자

A	B
• 학생 앞에서 콜라를 마시다	• 실수로 친구 얼굴을 때리다
• 라면을 먹다	• 의자에서 떨어지다
• 오늘은 밤늦게까지 공부를 하다	• 트림을 하다
• 의자에 앉아서 졸다	• 또 약속을 잡다
• 오늘은 일 끝나고 집에 일찍 가다	• 라면이 목에 걸리다
• 축구를 하다	• 너무 졸려서 잠이 들다

I. ↪ 학생 앞에서 콜라를 마시다가 트림*을 해 버렸어요.

= *While I was drinking cola in front of my student,*
 I burped (and I am surprised and not happy about it).

* 트림 = *burp*

2. ➤ _____ 다가
_____ 버렸어요.

=

3. ➤ _____ 다가
_____ 버렸어요.

=

4. ➤ _____ 다가
_____ 고 말았어요.

=

5. ➤ _____ 려고
했는데 _____ 고 말았어요.

=

6. ➤ _____ 려고
했는데 _____ 고 말았어요.

=

Section II - Reading Comprehension

다음 안내문을 잘 읽고 문제를 풀어 보세요.

Read the notice carefully and answer the questions.

꼭 읽어 주세요!

- ✓ ㉠공연 시작 10분 전에는 도착해야 함
- ✓ 다른 사람 티켓으로는 입장할 수 없음
- ✓ ㉡공연 시작 전에 핸드폰을 꺼야 함
- ✓ 음식을 가지고 들어갈 수 없음
- ✓ 공연을 보다가 자리를 이동할 수 없음
- ✓ ㉢공연 중에 사진 찍을 수 없음
- ✓ ㉣공연 중에 옆 사람과 이야기할 수 없음

* *Vocabulary*
이동하다 = *to move*

---

7. Where might you find this notice?

    a. 영화관   b. 스포츠 경기장   c. 피아노 콘서트장   d. 마트

8. Choose what you can learn from the notice.

    a. 공연장에는 핸드폰을 가지고 들어갈 수 없다.

    b. 공연이 시작된 후에는 조용히 자리를 이동할 수 있다.

    c. 공연장 근처에는 식사를 할 수 있는 곳이 없다.

    d. 자신의 이름이 쓰여 있는 티켓으로만 들어갈 수 있다.

9. Select the answer that incorrectly replaces ㉠, ㉡, ㉢, or ㉣.

    a. ㉠ 공연 시작 10분 후까지 입장할 수 있음

    b. ㉡ 공연이 시작되기 전에 핸드폰을 꺼야 합니다.

    c. ㉢ 공연 중 사진 촬영 금지

    d. ㉣ 공연이 시작되면 조용히 해 주세요.

Section III - Listening Comprehension

현우의 이야기를 잘 듣고 문제를 풀어 보세요. 이야기는 두 번 들려 드립니다.

Listen to Hyunwoo's story and answer the following questions. The story will be played twice.

* 방귀를 뀌다 = *to fart*

10. Arrange the pictures in chronological order according to the story.

ㄱ

ㄴ

ㄷ

ㄹ

a. ㄹ - ㄱ - ㄴ - ㄷ

b. ㄹ - ㄴ - ㄷ - ㄱ

c. ㄹ - ㄷ - ㄱ - ㄴ

d. ㄹ - ㄷ - ㄴ - ㄱ

11. Choose the sentence that is correct according to the story.

　a. 현우는 숙제를 집에 놓고 학교에 가 버렸다.

　b. 현우는 오늘 수업 시간에 방귀를 뀌어 버렸다.

　c. 현우는 친구의 물건을 쓰레기통에 버리고 말았다.

　d. 현우는 오늘 일찍 일어나려고 했는데 못 일어났다.

Section IV - Dictation

대화를 잘 듣고 밑줄 친 부분을 채우세요. 대화는 두 번 들려 드립니다.

Listen carefully and fill in the blanks. The dialogue will be played twice.

주연: 석진 씨, 표정이 왜 그래요? 괜찮아요?

석진: 화장실 12. _____, "6시 이후에는 이용할 수 없음"이라고 붙어 있었어요.

주연: 진짜요? 그래서 6시 되자마자 화장실 13. _____?

석진: 네. 다행히 저쪽에도 화장실이 14. _____ 가 보려고요.

Section V - Speaking Practice

Section IV의 대화를 한두 문장씩 들려 드리고, 긴 문장은 나누어서 들려 드립니다.
잘 듣고 따라 하세요. 완전한 대화문은 Answer Key에서 확인할 수 있습니다.

A native speaker will read the dialogue from Section IV one or two sentences at a time. If a sentence is too long, it may be split into two or three parts. Listen and repeat after each part. You can check out the complete dialogue in the Answer Key at the back of the book.

Vocabulary

트림	burp	이동하다	to move	방귀를 뀌다	to fart	물건	thing, stuff
걸리다	to get caught	촬영	filming, taking a picture	쓰레기통	trash can, garbage can	6시 이후	after 6 o'clock
티켓	ticket	점심시간	lunchtime	맞히다	to hit	잠그다	to lock
자리	seat						

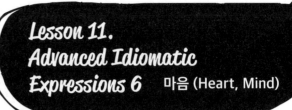

Lesson 11.
Advanced Idiomatic
Expressions 6 마음 (Heart, Mind)

Section I - Complete the Dialogue

밑줄 친 부분을 채워서 대화를 완성하세요.

Complete each dialogue by selecting the correct expression.

1. A: 지나 씨는 어떤 사람이랑 결혼하고 싶어요?

   B: 눈빛만 봐도 _____ 이요.

   a. 마음을 먹는 사람   b. 마음에 두는 사람   c. 마음이 통하는 사람

2. A: 경화 씨, 여기 좀 와 보세요. 이 중에 _____ 있어요?

   B: 저는 여기 있는 옷 다 좋아요. 현우 씨가 하나 사 주시려고요?

   a. 마음을 드는 옷   b. 마음에 드는 옷   c. 마음이 드는 옷

3. A: 이번에 승완 씨가 수영 대회에 나간다고 들었는데, 맞아요?

   B: 네, 맞아요. 지난번에 2등을 해서 이번에는 꼭 1등을 하기로 _____.

   a. 마음먹었대요   b. 마음에 먹었대요   c. 마음이 먹었대요

4. A: 경은 씨, 일단 급한 일은 다 했어요. 이제 마음 놓으세요.

   B: 그래요? 경화 씨가 있어서 _____

   a. 정말 마음이 무겁네요   b. 정말 마음이 놓이네요   c. 정말 마음에 걸리네요

5. A: 아까 학교에서 다혜랑 싸웠던 게 _____

   B: 내일 아침에 가서 미안하다고 하고 화해해요.

   a. 마음에 무거워요   b. 마음에 걸려요   c. 마음에 들어요

6. A: 희주 씨, 우리 점심에 샐러드 먹을래요? 아니면 떡볶이 먹을까요?

   B: 저는 다 좋아요. 소희 씨 _____

   a. 마음에 드셔도 돼요   b. 마음대로 해도 돼요   c. 마음을 먹어도 돼요

7. A: 이번 어버이날에 부모님 댁에 못 가서 ～～～～～～～～～.

   B: 그렇겠네요. 그래도 주말에는 가니까 부모님이 이해해 주실 거예요.

   a. 마음을 걸려요　　　　　*b*. 마음대로 해요　　　　　*c*. 마음이 무거워요

8. A: 유튜브를 시작했는데 악플이 너무 많아요.

   B: 악플들을 너무 ～～～～～～～～～.

   a. 마음대로 하지 마세요　　　*b*. 마음에 걸리지 마세요　　　*c*. 마음에 두지 마세요

9. A: 닭 다리는 네가 먹어.

   B: ～～～～～～～～～. 너 닭 다리 좋아하잖아.

   a. 마음을 먹지 마　　　　　*b*. 마음에 들지 마　　　　　*c*. 마음에도 없는 말 하지 마

10. A: 은경 씨, 그 가방 새로 샀어요?

    B: 네, 너무 예뻐서 ～～～～～～～～～ 가방이에요.

    a. 마음을 들고 있었던　　　*b*. 마음에 두고 있었던　　　*c*. 마음에 놓고 있었던

Section II - Comprehension

다음은 'Level 9 Lesson 11. Advanced Idiomatic Expressions 8 / 마음 (heart, mind)'에서 배운 표현들입니다. 그림 힌트를 보고 밑줄 친 부분에 알맞은 표현을 쓰세요.

Below are some of the expressions you learned in Level 9 Lesson 11: Advanced Idiomatic Expressions 8 / 마음 (heart, mind). Look at the pictures and fill in the blanks.

마음대로 하다

(= to do as one wants)

ㄱ ～～～～～～～～～

(= to make up one's mind)

마음에 들다

(= to like, to find something likeable)

ⓒ ~~~~~~~~~~~~~~~

(= to weigh upon one's mind, to trouble one's mind)

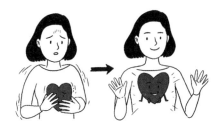

마음이 놓이다

(= to feel relieved)

ⓒ ~~~~~~~~~~~~~~~

(= to feel bad)

11. ㄱ ~~~~~~

12. ㄴ ~~~~~~

13. ㄷ ~~~~~~

Section III - Fill in the Blank

다음은 'Level 9 Lesson 11. Advanced Idiomatic Expressions 8 / 마음 (heart, mind)'에서 배운 예문들입니다. 빈칸에 알맞은 말을 쓰세요.

Below are example sentences you learned in Level 9 Lesson 11: Advanced Idiomatic Expressions 8 / 마음 (heart, mind).
Fill in the blanks to complete the expressions.

14. 이번에는 정말로 운동을 매일 하기로 마음 ⬚ ⬚ ⬚ ⬚ .

    = I've made up my mind this time to really exercise every day.

15. 저는 그 책 필요 없으니까 마음 ⬚ ⬚ 하세요.

    = I don't need that book so do whatever you want with it.

16. 마음에 ☐☐ 가방 있어요?

    = Is there a bag that you like?

17. 어제 있었던 일이 마음에 ☐☐☐.

    = I keep thinking about what happened yesterday because I feel bad about it.

18. 예지 씨가 한 말은 너무 마음에 ☐☐ 마세요.

    = Don't think about what Yeji said.

19. 마음에도 ☐☐ 말 하지 마세요.

    = Don't say what you don't even mean.

20. 도와주고 싶은 마음은 ☐☐ 같지만, 오늘은 너무 바빠요.

    = I'd love to help you, but I'm really busy today.

21. 그 말을 들으니까 마음이 ☐☐ 네요.

    = I feel relieved to hear that.

22. 마음이 ☐☐☐ 친구들이랑 여행하면 너무 재미있어요.

    = Traveling with friends that you connect with and relate well to is a lot of fun.

23. 저 때문에 경기에서 진 것 같아서 마음이 ☐☐ 습니다.

    = I feel bad because it looks like we lost the game because of me.

Section IV - Listening Comprehension

대화를 잘 듣고 문제를 풀어 보세요. 대화는 두 번 들려 드립니다.

Listen to the dialogue and answer the following questions. The dialogue will be played twice.

24. What are the speakers not talking about?

   a. 내일 점심을 언제 먹을지에 대해서

   b. 내일 점심시간에 무엇을 먹을지에 대해서

   c. 내일 점심을 누구랑 먹을지에 대해서

25. Choose the sentence that is incorrect according to the dialogue.

  a. 여자는 예림 씨랑 어릴 때부터 친구다.

  b. 여자는 초밥을 좋아한다.

  c. 여자는 예림 씨랑 같이 점심을 먹어야 한다고 생각한다.

Section V - Dictation

대화를 잘 듣고 밑줄 친 부분을 채우세요. 대화는 두 번 들려 드립니다.

Listen carefully and fill in the blanks. The dialogue will be played twice.

경은: 어제 경화 씨가 한 말이 26. _____.

현우: 너무 경은 씨 마음대로 한다는 말이요?

경은: 네. 마음이 너무 무겁네요.

현우: 너무 27. _____: 경화 씨가 어제 화가 많이 나서 그렇게 말했지만
      진심은 아닐 거예요.

Section VI - Speaking Practice

Section V의 대화를 한두 문장씩 들려 드리고, 긴 문장은 나누어서 들려 드립니다.
잘 듣고 따라 하세요. 완전한 대화문은 Answer Key에서 확인할 수 있습니다.

A native speaker will read the dialogue from Section V one or two sentences at a time. If a sentence is too long, it may be split into two or three parts. Listen and repeat after each part. You can check out the complete dialogue in the Answer Key at the back of the book.

Vocabulary

급하다	to be urgent	댁	residence, house, home (honorific)	다리	leg	초밥	sushi
화해하다	to reconcile, to compromise	유튜브	YouTube	뭐든지	anything	보통	usually
샐러드	salad	악플	mean comments	화를 내다	to get angry, to lose one's temper	드시다	to eat (honorific)
어버이날	Parents' Day	닭	chicken	점심시간	lunchtime		

Section I - Complete the Dialogue

[1~5] 밑줄 친 부분에 알맞은 말 두 개를 골라 대화를 완성하세요.

Complete each dialogue by choosing the appropriate phrases for the two blanks.

1. A: 경은 씨, 오늘 뭔가 _____.

   B: 아, 새로 산 옷을 입었거든요. 가방도 새로 샀는데 _____?

   a. 달아 보여요 .... 한번 보여 보실래요

   b. 달려 보여요 .... 한번 보이실래요

   c. 달라 보여요 .... 한번 보실래요

2. A: 희주 씨, 그 게임 _____.

   B: 네, 진짜 재밌어요. 소희 씨도 한번 _____.

   a. 정말 재미있어 보이네요 .... 해 보세요

   b. 정말 재미있어 보네요 .... 해 보여요

   c. 정말 재미없어 보이네요 .... 해 보세요

3. A: 너 안 추워? 너무 얇은 옷을 입고 있어서 엄청* _____. 나처럼 두꺼운 옷을 입어.

   B: 하나도 안 추워. 내 눈에는 네가 _____. 이 날씨에 그 옷은 너무 두껍지 않아?

   * 엄청 = *very, much*

   a. 추워 보여 .... 더워 보여

   b. 추워 보여 .... 추워 보여

   c. 더워 보여 .... 추워 보여

4. A: 다혜 씨, 오늘 기분이 _____ 좋은 일 있어요?

   B: 특별히 좋은 일은 없어요. 아마 날씨가 좋아서 _____.

   a. 안 좋아 보여요 .... 그래 봐요

   b. 좋아 보여요 .... 그런가 봐요

   c. 좋아 보여요 .... 그래 보여요

5. A: 케이크 엄청 _____! 누구 생일이에요?

　　B: 아니, 그냥 맛있을 것 같아서 샀어. 한번 _____.

　　a. 맛있어 보이네요　　　　..........　　　　먹어 보여

　　b. 맛있여 보이네요　　　　..........　　　　먹어 보이네

　　c. 맛있어 보이네요　　　　..........　　　　먹어 봐

[6~10] 밑줄 친 부분에 들어가기에 어색한 말을 고르세요.

Choose the phrase that sounds awkward when placed in the blank.

6. A: 저 영화 _____. 주말에 볼까?

　　B: 나는 이미 봤어. 진짜 재밌더라.

　　a. 재밌어 보인다　　　　　　b. 재밌는 것 같다

　　c. 재밌을 것 같다　　　　　　d. None of the phrases sound awkward.

7. A: 와, 김치찌개다! 소희 씨, 이 김치찌개 먹어 봤어요?

　　B: 아니요, 아직 안 먹어 봤어요. 그런데 김치찌개가 정말 빨갛네요. _____.

　　A: 아니에요. 빨갛기만 하고 안 매워요. 제가 먹어 봤어요.

　　a. 매워 보여요　　　　　　b. 매운 것 같아요

　　c. 매울 것 같아요　　　　　　d. None of the phrases sound awkward.

8. A: 오늘 희주 무슨 일 있대? _____.

　　B: 나도 잘 모르겠어. 왜 그러냐고 물어봤는데 대답도 안 해.

　　a. 기분이 안 좋아 보여　　　　b. 기분이 안 좋은 것 같아

　　c. 기분이 안 좋을 것 같아　　　d. None of the phrases sound awkward.

9. A: 범인이 어떻게 생겼었는지 기억나세요?

　　B: 사실 기억이 잘 안 나요. 아, _____. 교복*을 입고 있었거든요.

　　　　　　　　　　　　　　　　　　　　　　　　* 교복 = *school uniform*

　　a. 학생처럼 보였어요　　　　b. 학생같이 보였어요

　　c. 학생 같았어요　　　　　　d. None of the phrases sound awkward.

10. A: 저 요즘 몸이 아주 건강해졌어요!

　　B: _____! 요즘 운동 많이 하셨나 봐요.

　　a. 정말 그래 보여요　　　　b. 정말 그런 것 같아요

　　c. 정말 그럴 것 같아요　　　　d. None of the phrases sound awkward.

Section II - Reading Comprehension

다음 글을 잘 읽고 문제를 풀어 보세요.

Read the passage carefully and answer the questions.

많은 사람들이 곰을 귀여운 동물이라고 생각한다. 테디 베어 같은 곰 인형도 있고, 귀여운 곰이 나오는 만화도 많아서 그런 것 같다. 또 한국에서는 곰을 만날 일이 거의 없기 때문에, 곰이 위험할 수도 있다는 것을 모르는 사람들이 많은 것 같다. 그런데 사실 곰은 위험할 수 있는 동물이다. 예를 들어 북극곰은 하얗고 예뻐서 순해 보이지만, 땅 위에 사는 육식 동물 중 가장 큰 동물인 데다가 아주 사나운 성질을 가지고 있다. 한국의 반달가슴곰은 몸이 작아서 약해 보이지만, 100kg이 넘는 데다가 힘도 아주 세다. 사람이 곰한테 가까이 갔다가 공격을 당하면 죽을 수도 있다. 정말 조심해야 한다는 것을 기억하자.

* Vocabulary

북극곰 = polar bear   순하다 = to be gentle, to be mild   육식 동물 = carnivore

사납다 = to be wild, to be violent   성질 = nature, character   반달가슴곰 = Asiatic black bear   공격 = attack

11. Choose the statement that is <u>incorrect</u> according to the passage. More than one answer may be possible.

   a. 사람들은 여러 가지 이유로 곰이 귀엽다고 생각한다.

   b. 많은 사람들은 곰이 위험할 수도 있다는 것을 잘 모른다.

   c. 북극곰은 위험해 보이지만 사실은 그렇지 않다.

   b. 많은 곰들이 사람한테 가까이 갔다가 공격을 당했다.

12. Choose the main idea of this passage.

   a. 곰은 인형으로, 그리고 만화에서 많은 사랑을 받았다.

   b. 곰은 세상에서 가장 큰 동물 중 하나다.

   c. 곰은 귀여워 보이지만 위험할 수 있어서 조심해야 한다.

   b. 곰은 많은 사람들을 죽였기 때문에 위험하다.

Section III - Listening Comprehension

대화를 잘 듣고 문제를 풀어 보세요. 대화는 두 번 들려 드립니다.

Listen to the conversation and answer the following questions. The conversation will be played twice.

13. Choose what you can learn from the dialogue.

a. 여자는 전보다 키가 커졌다.

b. 남자는 여자가 머리를 잘랐다고 생각했다.

c. 여자는 예쁜 입술을 가지고 있다.

d. 남자는 여자가 살이 쪘다고 생각했다.

14. How has the woman's hair changed?

Answer:

Section IV - Dictation

대화를 잘 듣고 밑줄 친 부분을 채우세요. 대화는 두 번 들려 드립니다.

Listen carefully and fill in the blanks. The dialogue will be played twice.

경은: 예지 씨, 15. _____

예지: 그래요? 사실은 어제 개봉한 영화 빨리 보고 싶어서 오늘 새벽에 보고 출근했거든요.
그래서 좀 피곤해요.

경은: 아, 그랬구나. 영화는 재미있었어요?

예지: 별로 재미없었어요. 예고편만 봤을 때는 16. _____

Section V - Speaking Practice

Section IV의 대화를 한두 문장씩 들려 드리고, 긴 문장은 나누어서 들려 드립니다.
잘 듣고 따라 하세요. 완전한 대화문은 Answer Key에서 확인할 수 있습니다.

A native speaker will read the dialogue from Section IV one or two sentences at a time. If a sentence is too long, it may be split into two or three parts. Listen and repeat after each part. You can check out the complete dialogue in the Answer Key at the back of the book.

Vocabulary

엄청	very, much	테디 베어	teddy bear	사납다	to be wild, to be violent	죽이다	to kill
두껍다	to be thick	인형	doll	성질	nature, character	장난하다	to joke around, to play a prank
특별히	particularly	북극곰	polar bear	세다	to be strong, to be powerful	짧다	to be short
빨갛다	to be red	순하다	to be gentle, to be mild			입술	lips
교복	school uniform			가까이	close	립스틱	lipstick
건강하다	to be healthy	땅	land, ground	공격	attack		
		육식 동물	carnivore				

Section I - Fill in the Blank

밑줄 친 부분에 알맞은 단어를 골라 문장을 완성하세요.

Choose the right word for each blank and complete the sentences.

1. 대한민국의 김예림 선수가 100m 세계 신기록을 _____ 했습니다! 김예림 선수, 금메달입니다!

   a. 경신   *b.* 혁신   *c.* 갱신

2. 6월 10일에 제 비자가 만료될* 거예요. 그래서 그 전에 비자를 _____ 해야 해요.

   만료되다 = to expire

   a. 혁신   *b.* 신작   *c.* 갱신

3. 한국에서는 3월과 9월에 _____ 이/가 시작됩니다. 3월에는 1학기, 9월에는 2학기가 시작되지요.

   a. 신입생   *b.* 신작   *c.* 신학기

4. 김소희 작가의 _____ 소설이 이번 달 13일에 공개됩니다.

   a. 신제품   *b.* 신간   *c.* 신간 서적

5. 지나 씨 부부는 1년 전에 결혼한 _____ 예요.

   a. 신혼 부부   *b.* 신입 부부   *c.* 신인 부부

6. A: 이 남자 누구야? 진짜 잘생겼다.
   B: _____ 배우 유승완이잖아! 이번에 김석준 감독이 새로 찍은 영화에 나온대.

   a. 신입   *b.* 신간   *c.* 신인

7. A: 삼성에서 _____ 나온 거 봤어?
   B: 새로 나온 핸드폰? 아니, 아직 못 봤어.

   a. 신간   *b.* 신작   *c.* 신제품

8. A: TTMIK _____ '점점 길어지는 한국어 문장' 봤어? 나 그 책 살까 해.

   B: 나는 벌써 샀어. 한국어 문장을 길게 만드는 연습 할 때 정말 좋더라!

   a. 신간   b. 신입   c. 갱신

9. A: 여러분, 이분은 오늘부터 우리랑 같이 일하게 된 김수민 씨예요. 수민 씨, 인사할래요?

   B: 안녕하세요! _____ 김수민입니다. 잘 부탁드립니다.

   a. 신인 직원   b. 신입생   c. 신입 사원

10. A: 현우 씨는 얼마나 젊은 사람이 _____ 라고 생각해요?

    B: 저는 나이가 많은 사람도 젊은 사람처럼 생각하고 행동하면 다 _____ 라고 생각해요.

    a. 신세대   b. 신인   c. 신세계

Section II - Reading Comprehension

다음 글을 잘 읽고 문제를 풀어 보세요.

Read the ads carefully and answer the questions.

톡톡전자 신제품 출시!
톡톡 초소형 VR 게임기

대한민국 최고의 전자 제품 회사 톡톡에서
신제품이 나왔습니다.

초소형 VR 게임기
"Tiny-Tiny MIK" 입니다.

지금까지의 VR 게임기...
너무 크고, 너무 무겁고, 땀 나고
정말 불편하셨죠?

톡톡의 초소형 VR 게임기는
안경보다도 작습니다!

접을 수 있는 VR 게임기 보셨어요?

대한민국 정부가 선정한
'2025 가장 혁신적인 제품' 1위!
출시되자마자 전 세계 123만 개 판매!

전 세계 VR 게임기 중 가장 짧은 시간 안에 가장 많이 팔려,
판매 신기록을 경신했습니다!

초소형 VR 게임기 *Tiny-Tiny MIK*, **지금 구매하세요!**

* Vocabulary
출시 = *release, launch*   초소형 = *subminiature*
선정하다 = *to select, to choose*   출시되다 = *to be released, to be launched*

[11~14] Match the word to its correct definition.

11. 신제품 •   • a. 새로 만든 물건

12. 혁신적 •   • b. 이미 있는 기록보다 더 좋은 새로운* 기록   *새롭다 = to be new

13. 경신 •   • c. 있던 것을 완전히 바꾸어서 새롭게 하는 것

14. 신기록 •   • d. 이전의 기록을 깸

15. Choose the statement that is incorrect according to the advertisement.

　　a. 톡톡전자는 일반 게임기를 완전히 바꾸어서 VR 게임기로 만들었다.

　　b. 이 게임기는 이전의 판매 기록을 깼다.

　　c. 이 게임기는 2025년에 새로 만든 물건이다.

Section III - Listening Comprehension

인터뷰를 잘 듣고, 아래 문장이 맞으면 T를, 틀리면 F를 쓰세요. 인터뷰는 두 번 들려 드립니다.

Listen to the interview and decide if the statement is true or false. Write "T" if the statement is true and "F" if it is false. The interview will be played twice.

16. 이 영화는 김석준 감독이 처음으로 만든 영화다. ~~~~~~~

17. 이 영화는 사람들한테 새로운 영화라는 이야기를 듣고 있다. ~~~~~~~

18. 김석준 감독은 미국에서 태어났다. ~~~~~~~

19. 김석준 감독은 10년 전에 결혼했다. ~~~~~~~

Section IV - Dictation

대화를 잘 듣고 밑줄 친 부분을 채우세요. 대화는 두 번 들려 드립니다.

Listen to the dialogue and fill in the blanks. The dialogue will be played twice.

현우: 경은 씨, 이거 보세요. 최진영 작가 신간 나왔어요.

경은: 아! 현우 씨가 좋아한다고 했던 20. ~~~~~~~~~~~~~~~~~~ ?

현우: 네. 이 책이 지금 인기가 엄청 많아서 매일 21. ~~~~~~~~~~~~~~~~~~ 있대요.

경은: 오, 그래요? 저도 읽고 싶네요. 현우 씨 다 읽으면 저 좀 빌려주세요.

현우: 네, 알겠어요.

Section V - Speaking Practice

Section IV의 대화를 한두 문장씩 들려 드리고, 긴 문장은 나누어서 들려 드립니다.
잘 듣고 따라 하세요. 완전한 대화문은 Answer Key에서 확인할 수 있습니다.

A native speaker will read the dialogue from Section IV one or two sentences at a time. If a sentence is too long, it may be split into two or three parts. Listen and repeat after each part. You can check out the complete dialogue in the Answer Key at the back of the book.

Vocabulary

대한민국	Republic of Korea	초소형	subminiature
비자	visa	게임기	game device, game console
만료되다	to expire	안경	glasses
부부	husband and wife	선정하다	to select, to choose
전자	electronic	판매	sales
출시	release, launch		

출시되다	to be released, to be launched	이전	previous, former, old
짧다	to be short	일반	general
구매하다	to purchase	감독	director
완전히	completely	건너가다	to cross over
새롭다	to be new	특히	especially
		생활	life

Section I - Complete the Dialogue

문장 상자에서 알맞은 문장을 골라서 대화를 완성하세요.

Select the appropriate sentence from the sentence box to complete each dialogue.

Sentence Box
문장 상자

- 말하지 말았어야 했어요
- 괜히 샀어요
- 가지 말걸 그랬어요
- 그 이야기를 꺼낸 것 자체가 후회스러워요
- 어렸을 때 더 많이 여행을 가지
  않은 게 후회가 돼요

- 좀 일찍 올걸 그랬네요
- 그냥 자는 게 나을 뻔했어요
- 그래서 후회 중이에요
- 원래 그걸 살 생각은 없었어요
- 지금 와서 생각해 보면,
  제가 그때 왜 그랬나 싶어요

l. A: 소희 씨, 과자를 다 먹었네요. 다이어트 중이라고 하지 않았어요?

B: 네, 맞아요. ꜰꜰꜰꜰꜰꜰꜰꜰꜰꜰꜰꜰꜰ. 조금만 먹고 남길걸 그랬어요.

2. A: 경화 씨, 오늘 많이 피곤해 보이네요.

B: 새벽에 축구 경기를 보느라고 잠을 많이 못 잤거든요. 그런데 제가 응원하는 팀이 졌어요.
ꜰꜰꜰꜰꜰꜰꜰꜰꜰꜰ

3. A: 지나 씨, 그 바지 지나 씨한테 너무 큰 것 같아요. 불편하지 않아요?

B: 불편해요. 인터넷에서 샀는데 저한테 너무 크더라고요. ꜰꜰꜰꜰꜰꜰꜰꜰꜰꜰꜰꜰꜰꜰꜰ

4. A: 손님, 죄송한데 지금 자리가 없어요. 30분 정도 기다리셔야 하는데 괜찮으세요?

   B: 아, 그래요? ⁓⁓⁓⁓⁓⁓⁓⁓⁓⁓⁓⁓⁓⁓⁓⁓⁓. 다음에 올게요!

5. A: 현우 씨, 현우 씨가 어릴 때 동생들을 많이 괴롭혔다고 들었는데, 진짜예요?

   B: 맞아요. ⁓⁓⁓⁓⁓⁓⁓⁓⁓⁓⁓⁓⁓⁓⁓⁓⁓⁓⁓⁓⁓⁓⁓⁓.

   동생들아, 미안해!

6. A: 다혜 씨, 다혜 씨는 어렸을 때 여행 많이 다녔어요?

   B: 아니요. 지금은 바빠서 가고 싶어도 못 가니까 ⁓⁓⁓⁓⁓⁓⁓⁓⁓

   ⁓⁓⁓⁓⁓⁓⁓⁓.

Section II – Reading Comprehension

다음 글을 잘 읽고 문제를 풀어 보세요.

Read the passage carefully and answer the questions.

지금 가장 후회되는 일은 뭐예요?

김경화 (68세, 여자)

"지금까지 내가 원하는 삶이 아니고 다른 사람이 기대하는 삶을 산 것이 후회스러워요."

최연우 (46세, 남자)

"먹고 노는 데 돈을 너무 많이 써서 후회가 막심해요. 저축을 더 많이 할걸 그랬어요."

유지나 (35세, 여자)

"어릴 때 일만 너무 열심히 해서 후회 중이에요. 좀 더 재미있는 일을 많이 했더라면 좋았을 텐데요."

강동근 (28세, 남자)

"_____ ㉠ _____. 앞으로는 전에 안 해 본 것들을 많이 해 보려고요."

김소연 (20세, 여자)

"고등학생 때 친구하고 싸웠는데, 졸업하기 전에 화해하지 않은 게 후회가 돼요."

7. Choose the statement that is correct according to the passage. More than one answer may be possible.

   a. 경화는 자신이 원하는 삶을 살았다.

   b. 연우는 지금까지 저축을 많이 했다.

   c. 지나는 어릴 때 재미있는 일을 많이 했다.

   d. 소연은 친구와 화해하지 않고 고등학교를 졸업했다.

8. Choose the statement that can correctly fit in the blank ㉠.

   a. 새로운 일을 많이 하지 말았어야 했어요

   b. 새로운 일을 많이 해 볼걸 그랬어요

   c. 새로운 일을 많이 해 본 것 자체가 후회스러워요

   d. 새로운 일을 많이 해 봐서 후회가 막심해요

Section III - Listening Comprehension

오디오를 잘 듣고 문제를 풀어 보세요. 두 번 들려 드립니다.

Listen to the audio and answer the following questions. The audio will be played twice.

9. Choose what was not mentioned during the speech. More than one answer may be possible.

   a. 사람들은 후회를 많이 한다.

   b. 후회를 많이 하면 건강에 좋지 않다.

   c. 후회를 하면 실수를 덜 한다.

   d. 사람들은 반성하는 것을 안 좋아한다.

10. Choose the sentence that does not express regret.

  a. 아까 그 사탕 괜히 먹었다.

  b. 돌아가신 어머니께 사랑한다고 더 많이 말할걸 그랬어.

  c. 일만 너무 열심히 한 것이 후회돼.

  d. 후회는 나쁜 것이 아니라고 생각해.

Section IV - Dictation

대화를 잘 듣고 밑줄 친 부분을 채우세요. 대화는 두 번 들려 드립니다.

Listen carefully and fill in the blanks. The dialogue will be played twice.

석진: 신입 사원 때부터 저금을 열심히 했어야 했는데... 통장 잔고 보니까 후회가 ^{11.} ＿＿＿＿＿＿＿＿＿

현우: 그래요? 저는 20대 때 더 많이 놀지 않은 게 ^{12.} ＿＿＿＿＿＿＿＿＿

승우: 현우 씨는 월급 받으면 거의 다 저금했죠?

현우: 네, 맞아요. 지금 와서 생각해 보면, 제가 그때 ^{13.} ＿＿＿＿＿＿＿＿＿

Section V - Speaking Practice

Section IV의 대화를 한두 문장씩 들려 드리고, 긴 문장은 나누어서 들려 드립니다.
잘 듣고 따라 하세요. 완전한 대화문은 Answer Key에서 확인할 수 있습니다.

A native speaker will read the dialogue from Section IV one or two sentences at a time. If a sentence is too long, it may be split into two or three parts. Listen and repeat after each part. You can check out the complete dialogue in the Answer Key at the back of the book.

Vocabulary

다이어트	diet	자리	seat, table
새벽	dawn	괴롭히다	to harass, to bully
응원하다	to cheer, to support	세	age (honorific)
팀	team	기대하다	to expect
		저축	saving

싸우다	to fight	께	to (honorific)
화해하다	to reconcile	반성하다	to reflect on
사탕	candy	성장하다	to grow up
돌아가시다	to pass away (honorific)	여러분	everyone

Lesson 15.
Advanced Idiomatic
Expressions 9   기분 (Feeling)

Section I - Complete the Dialogue

표현 상자에서 알맞은 표현을 골라서 대화를 완성하세요. 하나의 표현은 한 번만 사용됩니다.

Complete each dialogue using an appropriate expression from the Expression Box. Each expression is used only once.

Expression Box
표현 상자

- 기분 좋게
- 기분 내키는 대로만
- 기분 좀 풀어요
- 갈 기분 아니에요
- 기분 전환하고 싶어서
- 기분이 좀 가라앉는
- 기분 탓일 거예요
- 기분 상했어요
- 기분이 들떠서
- 것 같은 기분이 들어요

1. A: 너 청소 잘 안 하지 않아? 오늘은 웬일로 이렇게 청소를 했어?

   B: 동생들을 위해서 했어요. 제 _____ 할 수는 없잖아요.

2. A: 소희 씨, 무슨 기분 좋은 일 있어요? 기분이 엄청 좋아 보여요.

   B: 곧 휴가 갈 생각에 _____ 그런가 봐요.

3. A: 예지 씨, 머리 염색했어요? 잘 어울려요.

   B: 감사해요. _____ 머리 색깔을 바꿔 봤어요.

4. A: 어, 승완 씨 오랜만에 보니까 더 잘생겨 보여요.

   B: 하하, _____. 그래도 감사합니다.

5. A: 지나 씨는 탁구 쳐 본 적 있어요?

   B: 아니요, 한 번도 안 쳐 봤어요. 그런데 왠지 잘 칠 수 있을 _____

6. A: 저는 비 오는 날을 좋아해서 비가 오면 기분이 좋아져요.

   B: 그래요? 저는 비가 오면 _____ 것 같아요.

7. A: 봄이 되니까 바람이 _____ 부네요.

   B: 맞아요. 그래서 제가 1년 중에 봄을 제일 좋아해요.

8. A: 하... 오늘 회사에서 스트레스받는 일이 너무 많았어요.

   B: 맛있는 거 먹고 ～～～～～～～～～～～～～～～～.

9. A: 소희 씨, 오늘 저랑 노래방 갈래요?

   B: 저 지금 노래방 ～～～～～～～～～～～～. 오늘 시험을 망쳤거든요.

10. A: 저 그냥 집에 갈래요. 기분이 별로 안 좋아졌어요.

    B: 갑자기 왜요? 혹시 아까 저 때문에 ～～～～～～～～～～～～?

Section II - Reading Comprehension

다음 글을 잘 읽고 문제를 풀어 보세요.

Read the passage carefully and answer the questions.

아침을 기분 나쁘게 시작하면 하루 종일 기분이 안 좋다. 그렇기 때문에 아침을 기분 좋게 시작하는 것은 아주 중요하다. 아침을 기분 좋게 시작하기 위해서는 먼저 기분 좋게 잠에서 깨야 한다. 기분 좋게 잠에서 깨기 위해서는 먼저 충분히 자는 것이 중요하다. 충분히 잠을 자지 않으면 아침에 일어나는 것이 어려울 수밖에 없고, 아침을 짜증스럽게 시작하게 될 것이다. 두 번째로, 아침에 일어났을 때 눈을 많이 깜빡이면 좋다. 눈을 많이 깜빡이면 눈물이 생겨서 눈이 부드러워지고, 더 쉽게 잠에서 깰 수 있기 때문이다. 마지막으로, 잠을 자기 전에 다음 날 필요한 것들을 미리 준비하면 좋다. 아침에 일어나서 필요한 것들을 찾으면 시간에 쫓기는 것 같은 기분이 들 수 있기 때문이다.

* Vocabulary
짜증스럽다 = *to be annoying*

11. *Choose the main idea of this passage.*

    a. 아침에 쉽게 기분 전환을 하는 방법　　　　*b.* 아침을 기분 좋게 시작하는 방법

    c. 아침에 기분이 상했을 때 기분을 푸는 방법　　*d.* 아침에 기분이 들떴을 때 가라앉히는 방법

12. *Choose the statement that is correct according to the passage.*

    a. 많은 사람들은 아침에 기분이 가라앉는다.

    b. 전날 밤에 기분 좋게 잠을 자면 아침에 기분이 좋다.

    c. 잠을 충분히 자면 아침에 기분 좋게 잠에서 깰 수 있다.

    d. 아침에 울면 쉽게 기분 전환이 된다.

Section III - Listening Comprehension

대화를 잘 듣고 문제를 풀어 보세요. 대화는 두 번 들려 드립니다.

Listen to the conversation and answer the following questions. The conversation will be played twice.

13. What is the man most likely to say next?   * 지루하다 = to be boring

    a. 기분이 좋네요.   *b.* 기분 전환을 했네요.   *c.* 기분이 상하네요.   *d.* 기분이 내키네요.

14. Choose the statement that is correct according to the dialogue.

    a. 여자는 여행 계획을 세우고 있다.   *b.* 여자는 기분 전환을 하고 싶다.

    c. 남자는 요즘 살이 빠져서 기분이 안 좋다.   *d.* None of the above sentences are correct.

Section IV - Dictation

대화를 잘 듣고 밑줄 친 부분을 채우세요. 대화는 두 번 들려 드립니다.

Listen carefully and fill in the blanks. The dialogue will be played twice.

예지: 저 스페인어 실력 많이 는 것 같지 않아요?

현우: 글쎄요. 15. _____?

예지: 너무해요*. 실력이 는 것 같아서 기분 좋았었는데, 그 말 듣고 기분이 가라앉았어요.

현우: 아, 죄송해요. 장난친 건데 16. _____?   * 너무하다 = to be mean

Section V - Speaking Practice

Section IV의 대화를 한두 문장씩 들려 드리고, 긴 문장은 나누어서 들려 드립니다. 잘 듣고 따라 하세요. 완전한 대화문은 Answer Key에서 확인할 수 있습니다.

A native speaker will read the dialogue from Section IV one or two sentences at a time. If a sentence is too long, it may be split into two or three parts. Listen and repeat after each part. You can check out the complete dialogue in the Answer Key at the back of the book.

Vocabulary

웬일로	for what reason/ matter/cause	종일	all day, the whole day	전날	the previous day	계획을 세우다	to make a plan
				인생	life		
오랜만에	after a long time, first time in a long while	짜증스럽다	to be annoying	지루하다	to be boring	글쎄요	well, let me see
		부드럽다	to be soft			너무하다	to be mean
				건강하다	to be healthy		
스트레스 받다	to get stressed	미리	in advance, beforehand			장난치다	to joke, to make fun of

Section I - Complete the Sentence

표현 상자에서 알맞은 표현을 골라서 그림 속 말풍선에 어울리는 문장을 완성하세요.

Complete the sentence for each speech balloon by choosing the most appropriate expression from the Expression Box.

Expression Box
표현 상자

- 나 먼저 갈 테니까
- 밖에 엄청 추울 테니까
- 컵은 내가 반납할 테니까
- 7시까지 공원으로 갈 테니까

- 조심해서 마셔야 돼
- 먹고 싶은 거 다 말해 봐
- 오늘 퇴근 후에 할까
- 승완 씨 먼저 퇴근하세요

[1]

나머지는 제가 하고 갈 테니까 1. ～～～～～～～～～～～～～～～～～～～～～～～～～～ .

[2]

내가 사 줄 테니까 2. ～～～～～～～～～～～～～～～～～～～～～～～ .

[3~4]

A: 3. ～～～～～～～～～～～～～～～～～～～～ 천천히 와.

B: 응! 지금 4. ～～～～～～～～～～～～～～～～～ 목도리 하고 나가.

[5~6]

A: 내일은 바빠서 운동할 시간이 없을 테니까 5. ～～～～～～～～～～～～～～～～～～～～～～～ ?

B: 그래! 그럼 6. ～～～～～～～～～～～～～～～～ 같이 운동하자.

[7]

아직 뜨거울 테니까 7. ～～～～～～～～～～～～～～～～～～～ .

[8]

다 마셨지? 8. ～～～～～～～～～～～～～～～ 나한테 줘.

Section II - Reading Comprehension

다음 메시지를 읽고 문제를 풀어 보세요.

Read the message and answer the questions.

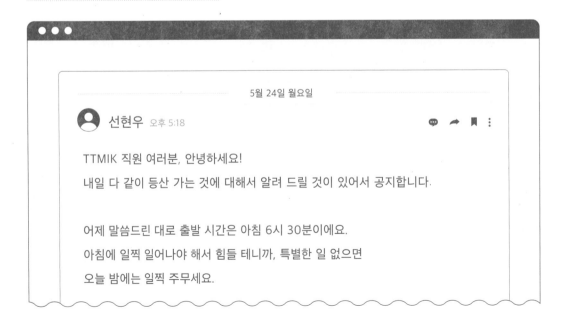

5월 24일 월요일

선현우 오후 5:18

TTMIK 직원 여러분, 안녕하세요!
내일 다 같이 등산 가는 것에 대해서 알려 드릴 것이 있어서 공지합니다.

어제 말씀드린 대로 출발 시간은 아침 6시 30분이에요.
아침에 일찍 일어나야 해서 힘들 테니까, 특별한 일 없으면
오늘 밤에는 일찍 주무세요.

다 같이 버스 타고 갈 거니까 회사 앞으로 6시 30분까지 오시면 됩니다.

점심 식사는 김수민 씨가 _____ ㉠ _____, 정상에 올라가서 다 같이 먹으면 될 것 같습니다.

산에 올라가는 동안 먹을 초콜릿이랑 물은 제가 사 올 테니까, 여러분은 안 사 오셔도 됩니다.

혹시 또 먹고 싶은 것이나 필요한 게 있으면 말씀하세요.

마지막으로, 내일 오실 때 긴팔 옷을 꼭 가져오세요.

지금이 5월이어서 그렇게 춥지는 않지만 산속에 들어가면 추울 테니까,

_____ ㉡ _____.

그럼 다들 집에 가서 잘 쉬고 내일 아침에 봐요!

9. Choose the phrase that best fits in blank ㉠.

   a. 김밥을 사 올 테니까   b. 김밥을 사 오라고 할 테니까   c. 김밥을 사 올 거니까

10. Choose the statement that is incorrect according to the message above.

   a. 선현우는 직원들한테 오늘 밤에 일찍 자라고 말하고 있다.
   b. 직원들은 내일 아침에 김밥을 사서 회사 앞으로 가야 한다.
   c. 직원들은 내일 점심에 산 정상에서 김밥을 먹게 될 것이다.

11. Choose the phrase that is most appropriate to fill in blank ㉡.

   a. 추울 때 입을 옷을 준비해 오시는 게 좋을 거예요
   b. 등산은 6월에 가는 게 좋을 것 같아요
   c. 옷은 새로 사지 않는 게 좋을 것 같아요

Section III - Listening Comprehension

전화 통화를 잘 듣고 문제를 풀어 보세요. 두 번 들려 드립니다.

Listen to the phone conversation and answer the following questions. The conversation will be played twice.

12. What do you think the man said in place of the beep? Choose the best answer based on the context.

    a. 알겠어. 네 말대로 천천히 갈 테니까 조금만 기다려.

    b. 빨리 갈 테니까 조금만 기다려. 기다리게 해서 미안해.

    c. 카페 앞으로 갈 테니까 카페 밖에서 조금만 기다려.

13. Choose the statement that is correct according to the dialogue.

    a. 남자는 5분 후에 약속 장소에 도착할 것이다.

    b. 여자는 약속 장소에 도착하면 책을 읽을 것이다.

    c. 남자는 여자가 책을 읽는 동안 카페 밖에서 여자를 기다릴 것이다.

Section IV - Dictation

대화를 잘 듣고 밑줄 친 부분을 채우세요. 대화는 두 번 들려 드립니다.

Listen carefully and fill in the blanks. The dialogue will be played twice.

승완: 석준아, 청소 지금 시작하자.

석준: 벌써? 알겠어.

승완: 내가 14. ＿＿＿＿＿＿＿＿＿＿＿＿＿＿, 너는 창문을 닦아. 청소기가 어디 있었지?

석준: 지하실에 있어. 15. ＿＿＿＿＿＿＿＿＿＿＿＿＿＿ 여기 있어.

Section V - Speaking Practice

Section IV의 대화를 한두 문장씩 들려 드리고, 긴 문장은 나누어서 들려 드립니다. 잘 듣고 따라 하세요. 완전한 대화문은 Answer Key에서 확인할 수 있습니다.

A native speaker will read the dialogue from Section IV one or two sentences at a time. If a sentence is too long, it may be split into two or three parts. Listen and repeat after each part. You can check out the complete dialogue in the Answer Key at the back of the book.

Vocabulary

엄청	very, much	공지하다	to announce, to notify	긴팔	long sleeves	바닥	floor, ground
나머지	the rest			산속	the heart of a mountain, deep in a mountain	닦다	to wipe, to polish
목도리	scarf	특별하다	to be special			청소기	vacuum cleaner
		올라가다	to go up				
여러분	everyone	초콜릿	chocolate	이따	later	지하실	basement
등산	hiking			그래	yes, okay		

Lesson 17. -(으/느)ㄴ 이상
Since, Once, As long as

Section I - Complete the Dialogue

밑줄 친 부분에 알맞은 말을 골라 대화를 완성하세요.

Complete each dialogue by choosing the answer that best fits in the blank.

1. A: 현우 선생님! 저 Level 9 Lesson 17까지 공부했어요!

   B: 벌써 그렇게 많이 공부했어요? 정말 대단해요!

   여기까지 온 이상, ⁓⁓⁓⁓⁓⁓⁓⁓⁓⁓⁓⁓⁓⁓

   A: 네, 더 열심히 할게요! 감사합니다!

   a. 공부를 더 할 수는 없어요

   b. 여기서 그만하는 게 좋을 것 같아요

   c. 포기하지 말고 열심히 하세요

2. A: 엄마, 우리 언제 도착해요? 저 밖에 나가서 뛰어놀고* 싶어요.

   B: 두 시간 정도 더 걸린다고 하네. 조금만 더 참아 볼래?

   A: 그냥 지금 나가면 안 돼요? 너무 답답해요.

   B: 엄마가 얘기했잖아, 여기는 하늘 위여서 밖에 나갈 수가 없다고.

   ⁓⁓⁓⁓⁓⁓⁓⁓⁓⁓⁓⁓⁓⁓, 도착할 때까지는 내릴 수가 없어.

   * 뛰어놀다 = *to play around, to frolic*

   a. 비행기를 탄 이상

   b. 비행기를 타는 이상

   c. 비행기를 탈 이상

3. A: 현우 씨, 어디세요? 저 벌써 부산에 도착했어요!

   B: 와, 벌써요? 비행기 타고 오셨나 보네요!

   A: 네, 맞아요. 어떻게 아셨어요?

   B: ⁓⁓⁓⁓⁓⁓⁓⁓⁓⁓⁓⁓⁓⁓, 이렇게 빨리 올 수가 없죠.

   a. 비행기를 타지 않는 이상

   b. 비행기를 타는 이상

   c. 비행기를 탄 이상

4. A: 소희 씨, 혹시 지금 잠깐 밖에 나올 수 있어요?

   B: 지금 밤 열두 시인데요? 무슨 일 있어요?

   A: 아니요, 그냥 심심해서요.

   B: 미안해요. _____, 이렇게 늦은 시간에 나갈 수는 없어요.

   a. 중요한 이상

   b. 중요한 일인 이상

   c. 중요한 일이 아닌 이상

5. A: 현우 씨, 숫자 계산 잘하세요? 저 계산 진짜 잘하는데, 저한테 문제 한번 내 보세요.

   B: 그래요? 그러면 3,412 곱하기 4,221 더하기...

   A: 잠깐만요! 계산기를 쓰지 않는 이상, _____.

   B: 에이, 그러면 잘하는 거 아니에요.

   a. 그렇게 쉬운 계산은 잘해요

   b. 그렇게 복잡한 계산은 못 해요

   c. 그렇게 큰 숫자는 계산을 잘해요

Section II - Reading Comprehension

다음 글을 잘 읽고 문제를 풀어 보세요.

Read the following messages carefully and answer the questions.

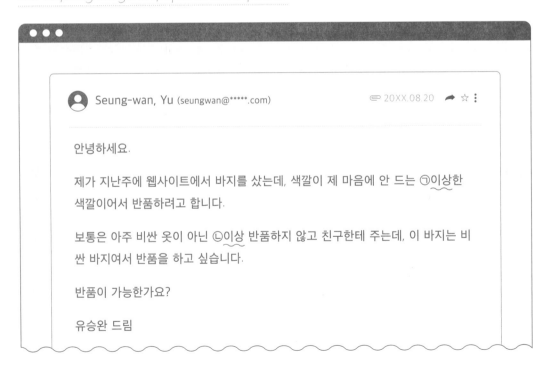

Seung-wan, Yu (seungwan@*****.com)   ✐ 20XX.08.20   ➤ ☆ ⋮

안녕하세요.

제가 지난주에 웹사이트에서 바지를 샀는데, 색깔이 제 마음에 안 드는 ㉠이상한 색깔이어서 반품하려고 합니다.

보통은 아주 비싼 옷이 아닌 ㉡이상 반품하지 않고 친구한테 주는데, 이 바지는 비싼 바지여서 반품을 하고 싶습니다.

반품이 가능한가요?

유승완 드림

>>>>

👤 **Sohee, Kim** (sohee@the******.com)   📎 20XX.08.20   ➤ ☆ ⋮

안녕하세요, 유승완 고객님!
상담원 김소희입니다.

고객님께서 주문하신 제품은 '고급 남성 바지' 1개,
고객님께서 제품을 받으신 날짜는 8월 9일인 것으로 확인했습니다.

그런데 죄송하지만 저희 웹사이트를 보시면,
제품 도착 후 7일 ©이상이 되면 반품이 불가능하다고 쓰여 있습니다.
제품을 받았을 때 문제가 있었던 게 아닌 @이상, 반품이 어렵습니다.

대신에, 제품 교환은 제품을 받으신 날부터 14일 후까지 가능합니다.
원하시면 제품 교환으로 진행해 드리겠습니다. 교환을 원하시면 말씀해 주세요.
감사합니다.

상담원 김소희 드림

↩ 답장   ➡ 전달

---

6. What kind of product did 승완 buy?

   a. 서적   b. 옷   c. 음식   d. 신발

7. Choose the statement that is correct according to the email.

   a. 승완이 산 제품은 승완의 몸에 잘 맞지 않는다.

   b. 승완은 비싸지 않은 제품을 샀는데, 그 제품이 마음에 안 들면, 친구한테 주는 편이다.

   c. 승완은 제품을 일주일 전에 받았다.

   d. 승완이 받은 제품에는 문제가 있었기 때문에, 반품이 가능할 것이다.

8. Select the usage of 이상 that has a different meaning from the other three.

   a. ㉠   b. ㉡   c. ㉢   d. ㉣

9. Below is the email that 승완 sent to the 상담원 the next day. Choose the sentence that best fits in the blank ㉠.

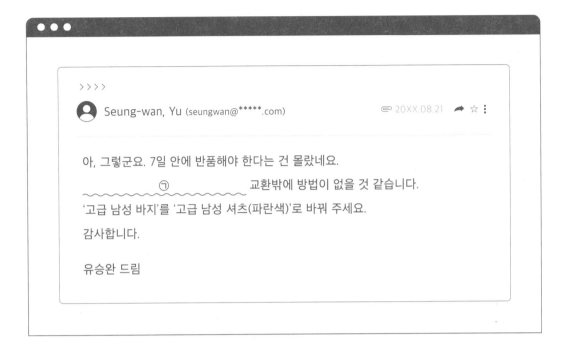

>>>>

Seung-wan, Yu (seungwan@*****.com)   20XX.08.21

아, 그렇군요. 7일 안에 반품해야 한다는 건 몰랐네요.
_____㉠_____ 교환밖에 방법이 없을 것 같습니다.
'고급 남성 바지'를 '고급 남성 셔츠(파란색)'로 바꿔 주세요.
감사합니다.

유승완 드림

a. 반품을 해 주시는 이상

b. 고급 바지를 산 이상

c. 이렇게 된 이상

d. 몰랐던 이상

Section III - Listening Comprehension

대화를 잘 듣고 문제를 풀어 보세요. 대화는 두 번 들려 드립니다.

Listen to the conversation and answer the following questions. The conversation will be played twice.

10. Choose the statement that is correct according to the conversation.

a. 남자는 자신보다 나이가 많은 모든 남자를 형이라고 부른다.

b. 여자는 가족 중에 오빠가 있다.

c. 여자는 자신보다 나이가 많은 남자 중에 아주 친한 사람만 오빠라고 부른다.

d. 여자는 보통 자신보다 나이가 어린 남자를 'OO 씨'라고 부른다.

11. According to the conversation, what would 경화 call the other people in the picture below?

a. 경화는 승완을 "승완 씨"라고 부를 것이다.

b. 경화는 동근을 "동근아"라고 부를 것이다.

c. 경화는 현우를 "현우 오빠"라고 부를 것이다.

d. None of the above.

Section IV - Dictation

대화를 잘 듣고 밑줄 친 부분을 채우세요. 대화는 두 번 들려 드립니다.

Listen carefully and fill in the blanks. The dialogue will be played twice.

캐시: 다니엘 씨, 제이슨 씨가 육 개월 만에 한국어를 유창하게 할 수 있게 되었대요!

다니엘: 네? 12. _____, 그건 불가능해요.

캐시: 진짜래요. 천재인가 봐요.

다니엘: 부럽네요. 13. _____, 열심히 해 볼 거예요.

Section V - Speaking Practice

Section IV의 대화를 한두 문장씩 들려 드리고, 긴 문장은 나누어서 들려 드립니다.
잘 듣고 따라 하세요. 완전한 대화문은 Answer Key에서 확인할 수 있습니다.

A native speaker will read the dialogue from Section IV one or two sentences at a time. If a sentence is too long, it may be split into two or three parts. Listen and repeat after each part. You can check out the complete dialogue in the Answer Key at the back of the book.

Vocabulary

뛰어놀다	to play around, to frolic	반품하다	to return	고급	high class	오빠	title for a younger woman to call an older man
얘기하다	to talk	보통	usually	남성	man, male		
곱하기	multiplication	가능하다	to be possible	불가능하다	to be impossible	개월	counter for month
더하기	addition	상담원	counselor, consultant	교환	exchange	유창하다	to be fluent

Lesson 18.
(To worry/think)
that it might   -(으)ㄹ까 봐

Section I - Complete the Dialogue

밑줄 친 부분에 알맞은 말을 골라 대화를 완성하세요.

Complete each dialogue by selecting the phrase that fits correctly in the blank.

1. A: 왜 이렇게 일찍 왔어요?

   B: _____ 이렇게 일찍 도착할 줄은 몰랐어요.

   A: 아, 그랬군요.

   a. 늦을까 봐 일찍 출발할까 봐

   b. 늦을까 봐 일찍 출발했는데

   c. 늦어서 일찍 출발할까 봐

2. A: 한국에 가서 공부하고 싶은데, 친구가 없어서 _____.

   B: 제가 좋은 친구들 소개해 줄게요. 한국에 오세요.

   a. 외로울까 봐 한국에 갈 거예요

   b. 외로울까 봐 공부하고 있어요

   c. 외로울까 봐 걱정돼요

3. A: 우와, 이 식당 음식 진짜 맛있다. 나 단골* 될 것 같아.

   B: 나도! 맛있는 반찬도 많이 줘서 좋다. 나 _____

   * 단골 = *regular (customer)*

   a. 음식이 맛이 없을까 봐 걱정이야

   b. 손님이 많을까 봐

   c. 앞으로 이 식당 매일 올까 봐

4. A: 새로운 일을 시작하고 싶은데, 실수하거나 잘 못할까 봐 무서워.

   B: ＿＿＿＿＿＿＿＿＿＿＿＿ 시간에 그냥 도전해 봐.

   a. 실수할까 봐 걱정할
   b. 무서울까 봐 걱정할
   c. 시작할까 봐 걱정할

5. A: 소연아, 배고파?

   B: 난 아직 배 안 고파. 동근이 너 배고파?

   A: 아니, 나는 괜찮은데 혹시 너 ＿＿＿＿＿＿＿＿＿＿＿＿＿.

   a. 먹을 거 사 올까 봐
   b. 배고플까 봐 물어봤어
   c. 배고프냐고 물어볼까 봐

Section II - Translation Practice

'-(으)ㄹ까 봐'를 사용해서 밑줄 친 부분을 채우세요.

Fill in the blank using -(으)ㄹ까 봐.

6. A: 이 옷 어때? 나한테 좀 안 어울리는 것 같아. ＿＿＿＿＿＿＿＿＿＿＿＿＿.

   = I think maybe I should just get a refund.

   B: 괜찮은 것 같은데? 네가 평소에 안 입는 스타일이어서 어색한가 보다.

7. A: 소희야, ＿＿＿＿＿＿＿＿＿＿＿＿＿＿＿.

   = I bought some coffee in case you were sleepy.

   B: 우와! 고마워. 지금 정말 졸렸거든. 잘 마실게.

8. A: 요즘 비가 정말 많이 오는 것 같아요. 그렇죠?

   B: 맞아요. 내일도 ＿＿＿＿＿＿＿＿＿＿＿＿＿＿. 저 내일 여행 가거든요.

   = I am worried that it might rain a lot tomorrow.

   A: 그래도 내일은 비 조금밖에 안 온대요.

9. A: 아! 오늘 공부를 너무 많이 해서 힘들다. 공부 그만할까?

   _____

   = I think maybe I should go to the singing room.

   B: 뭐라고? 내일이 시험이잖아!

   A: 원래 노래방은 시험 전날 제일 가고 싶잖아.

10. A: 아이한테 학교 소풍 취소됐다고 말했어요?

    B: 아니요. _____

    = I was worried that the child might be disappointed, so I did not tell him yet.

Section III - Reading Comprehension

TTMIK 고민 상담소에 올라온 글을 잘 읽고 문제를 풀어 보세요.

Read what has been posted on the TTMIK Counseling Center bulletin board carefully and answer the questions.

TTMIK 고민 상담소

Title: **거절을 잘 못하는 나, 어떻게 해야 할까요?**

안녕하세요?

저는 열일곱 살 이은정이라고 합니다. 저는 정말 큰 고민이 있어요. 저는 다른 사람의 부탁이나 제안을 거절하는 걸 잘 못해요. 저는 떡볶이를 안 좋아하는데, 친구가 떡볶이를 같이 먹자고 하면 거절을 못 해서 그냥 먹어요. 그냥 "나는 떡볶이 별로 안 먹고 싶어"라고 말하면 되는데, 친구 기분이 나빠질까 봐 말을 못 하겠어요. 전에는 수학 시험을 봤는데, 친구가 제 시험지에 쓴 답을 보여 달라고 했어요. 그러면 안 된다는 건 잘 알지만, 그때도 거절을 못 해서 친구한테 답을 보여 줬어요. 저도 이런 제가 싫지만, 거절을 못 하겠어요. 제가 거절을 많이 하면 친구들이 저를 싫어할까 봐 걱정이 돼요. 어떻게 하면 친구 기분이 나빠지지 않게 거절을 잘할 수 있을까요?

* Vocabulary

거절하다 = to refuse

11. Choose the sentence that is incorrect according to the post above.

    a. 은정은 친구의 기분이 나빠질 것 같아서, 떡볶이를 싫어한다고 말하지 못했다.

    b. 은정은 시험을 볼 때 친구한테 답을 보여 달라고 말한 적이 있다.

    c. 은정은 거절을 많이 하면 친구들이 자신을 싫어할까 봐 거절을 하지 못한다.

    d. 은정은 거절을 잘하고 싶어 한다.

12. Write the name of the person who understood 은정's problem incorrectly.

> 경화: 난 은정이가 친구한테 자기가 원하는 것을 좀 더 솔직하게 말해도 된다고 생각해.
>
> 지나: 맞아. 진짜 친구면, 은정이가 원하는 것을 말해도 은정이 옆에 있지 않을까?
>
> 예지: 은정이가 편안한 마음을 가지고 부드럽게 거절하면, 친구도 이해할 거야.
>
> 승완: 은정이처럼 거절을 많이 하면 사람들이 좋아하지 않을 거야. 거절은 좋은 게 아니잖아.

Answer: ~~~~~~~~~~~~~

Section IV - Listening Comprehension

대화를 잘 듣고 문제를 풀어 보세요. 대화는 두 번 들려 드립니다.

Listen to the conversation and answer the following questions. The conversation will be played twice.

13. Choose the sentence that is correct according to the conversation.

    a. 여자는 몸이 다칠까 봐, 운동을 하는 것을 싫어한다.

    b. 여자는 복싱이 위험하지 않은 운동이라고 생각한다.

    c. 남자는 수영을 할 때 땀이 나는 것을 싫어한다.

    d. 남자는 운동을 할 때 땀 냄새가 날까 봐 걱정한다.

14. Choose what the man cannot say in place of the beep based on the context.

    a. 너도 땀 냄새 날까 봐 걱정 많이 하는구나.

    b. 그래도 나는 좀 걱정되더라. 향수를 하나 살까 봐.

    c. 그래도 혹시 다른 사람이 불편할까 봐 그러지.

    d. 아니야. 옆 사람이 땀 냄새 많이 나면 바로 알 수 있을 거야.

Section V - Dictation

대화를 잘 듣고 밑줄 친 부분을 채우세요. 대화는 두 번 들려 드립니다.

Listen carefully and fill in the blanks. The dialogue will be played twice.

아빠: 아빠한테 줘. 아빠가 뚜껑 열어 줄게.

딸: 아빠, 내가 15. _____?

아빠: 아니, 아빠는 혹시 네가 16. _____ 그러지.

딸: 아! 걱정 마. 이 정도는 혼자 할 수 있어.

Section VI - Speaking Practice

Section V의 대화를 한두 문장씩 들려 드리고, 긴 문장은 나누어서 들려 드립니다.
잘 듣고 따라 하세요. 완전한 대화문은 Answer Key에서 확인할 수 있습니다.

*A native speaker will read the dialogue from Section V one or two sentences at a time. If a sentence
is too long, it may be split into two or three parts. Listen and repeat after each part. You can check
out the complete dialogue in the Answer Key at the back of the book.*

Vocabulary

소개하다	to introduce	스타일	style	거절하다	to refuse	부드럽다	to be soft
단골	regular (customer)	전날	the day before, the previous day	시험지	test, test paper	복싱	boxing
반찬	side dish	고민	concern, worry	달다	to give (me)	엄청	very, much
새롭다	to be new	상담소	counseling center	솔직하다	to be honest	향수	perfume
도전하다	to challenge, to give something a try	거절	refusal	편안하다	to be comfortable	뚜껑	cover, cap, lid

Talk To Me In Korean Workbook

Lesson 19.
Advanced Situational Expressions 11
오랜만에 만났을 때 (When You Meet Someone After A Long Time)

Section I - Complete the Dialogue

문장 상자에서 알맞은 문장을 골라서 대화를 완성하세요.

Choose the appropriate sentence from the sentence box to complete the dialogue.

Sentence Box
문장 상자

- 우리 얼마 만에 보는 거죠
- 마지막으로 본 게 벌써 3년 전이에요
- 오랜만에 만났는데 하나도 안 변했네요
- 5년 전에 보고 못 본 것 같아요
- 요즘 왜 이렇게 얼굴 보기가 힘들어요
- 앞으로는 자주 만나요

[1~2]

A: 동근 씨, 1. _____? 연예인*보다 더 바쁜 거 같아요.

B: 하하, 지난주까지 시험 기간이어서 좀 바빴어요.

A: 아, 그랬구나. 시험공부 하느라고 바빴었군요.

B: 네, 이제 시험 끝났으니까 2. _____.

* 연예인 = *celebrity*

[3~4]

A: 현우 씨, 이게 얼마 만이에요! 우리 언제 보고 못 봤죠?

B: 3. _____. 시간 진짜 빠르네요!

A: 그러게요. 그런데 현우 씨는 4. _____?

B: 하하, 고맙습니다. 그런데 가까운 데서 보시면 얼굴에 주름*이 많이 생겼어요. 그러니까 멀리서만 보세요.

* 주름 = *wrinkle*

[5~6]

A: 수민 씨, 진짜 오랜만이에요! 5. _____?

B: 제가 부산으로 이사 간 다음에 못 봤으니까, 3년 만이네요.

A: 6. _____? 시간 정말 빠르네요!

B: 맞아요. 그런데 저 이제 서울로 다시 이사 올 거예요! 이사 오면 저희 집으로 초대할게요.

Section II - Reading Comprehension

다음은 소연이 쓴 일기입니다. 잘 읽고 문제를 풀어 보세요.

Below is a diary entry written by Soyeon. Read it carefully and answer the questions.

20XX. 09. 07.

오늘 오랜만에 친구 석준이를 만났다. 석준이는 중학교 때 친했던 친구인데, 석준이가 미국으로 유학을 가게 되어서 자연스럽게 멀어졌다. 그런데 지난주에 석준이가 나한테 페이스북 메시지를 보냈다. 너무 반가웠다. 나는 석준이가 아직도 미국에 있는 줄 알았는데, 얼마 전에 한국에 돌아왔다고 했다. 그리고 석준이도 지금 서울에 살고 있다고 해서, 우리는 바로 만날 약속을 잡았다.

사실 나는 석준이랑 너무 오랜만에 만나서 어색할까 봐 걱정했는데, 내 걱정하고 다르게 전혀 어색하지 않았다. 내가 석준이를 만나자마자 한 말은 "_____ ㉠ _____"였다. 진짜 그랬다. 10년 만에 만났는데, 석준이는 정말 하나도 변한 것이 없었다. 성격도 옛날 그대로였고 특이한 웃음소리도 그대로였다. 그래서 우리는 중학교 때처럼 재미있는 시간을 보냈다. 중학교 때 있었던 일도 이야기하고, 요즘 뭐 하고 지내는지에 대해서도 이야기했다. 석준이는 요즘 한국 회사에 입사하기 위해서 준비하고 있다고 했다. 석준이는 뭐든지 잘하는 친구니까 금방 원하는 회사에 입사할 수 있을 것 같다.

오늘 석준이를 만나니까 다시 중학생이 된 기분이었다. 다음에 석준이를 만날 날이 기다려진다.

> * Vocabulary
> 특이하다 = to be unique
> 웃음소리 = sound of laughter, laughing voice
> 입사하다 = to enter a company

---

7. Choose the statement that is correct according to the diary.

   a. 소연과 석준은 고등학생 때 만난 적이 있다.　　b. 소연은 석준이 연락을 안 해서 많이 서운했다.

   c. 소연은 석준이 지금도 미국에 있는 줄 알았다.　　d. 소연은 석준과 어색한 사이가 되었다.

8. Which sentence does not fit in blank ㉠, based on the context?

   a. 너 진짜 하나도 안 변했다!　　b. 너 왜 이렇게 얼굴 보기가 힘들어?

   c. 너 정말 옛날 그대로구나.　　d. 너 어렸을 때랑 진짜 똑같다.

[9~11] Below is a message that 석준 sent to 소연 on Facebook. Fill in each blank by writing a sentence in Korean that matches the English translation.

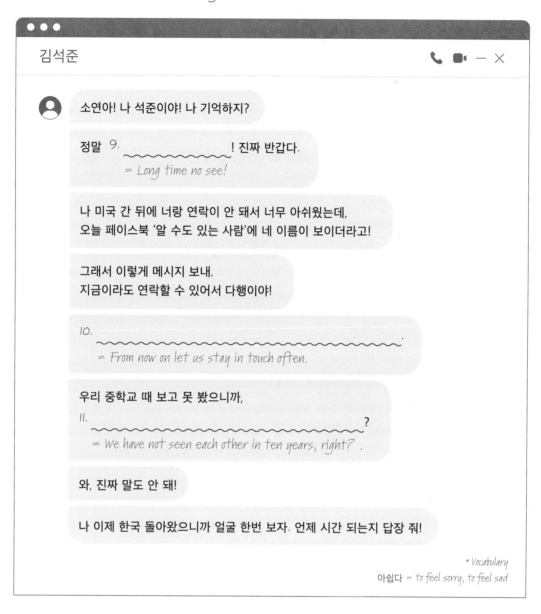

김석준　　　　　　　　　　　　📞 🎥 — ✕

소연아! 나 석준이야! 나 기억하지?

정말 9. ＿＿＿＿＿＿＿! 진짜 반갑다.
　　　= Long time no see!

나 미국 간 뒤에 너랑 연락이 안 돼서 너무 아쉬웠는데,
오늘 페이스북 '알 수도 있는 사람'에 네 이름이 보이더라고!

그래서 이렇게 메시지 보내.
지금이라도 연락할 수 있어서 다행이야!

10. ＿＿＿＿＿＿＿＿＿＿＿＿＿＿＿＿＿.
　　= From now on let us stay in touch often.

우리 중학교 때 보고 못 봤으니까,
11. ＿＿＿＿＿＿＿＿＿＿＿＿＿＿?
　　= We have not seen each other in ten years, right? .

와, 진짜 말도 안 돼!

나 이제 한국 돌아왔으니까 얼굴 한번 보자. 언제 시간 되는지 답장 줘!

* Vocabulary
아쉽다 = to feel sorry, to feel sad

Section III - Listening Comprehension

대화를 잘 듣고 문제를 풀어 보세요. 대화는 두 번 들려 드립니다.

Listen to the conversation and answer the following questions. The conversation will be played twice.

12. Where are they?

　a. 카페　　　　　b. 학교　　　　　c. 주연이 집　　　　　d. 결혼식장

13. Choose the statement that is correct according to the conversation.

    a. 남자와 여자는 2년 전에 처음으로 만났다.

    b. 남자와 여자는 학교 졸업식 때 마지막으로 만났다.

    c. 남자와 여자는 다음 달에 친구들을 만날 예정이다.

    d. 남자와 여자는 이번 달 여자의 결혼식에서 다시 만날 것이다.

Section IV - Dictation

대화를 잘 듣고 밑줄 친 부분을 채우세요. 대화는 두 번 들려 드립니다.

Listen carefully and fill in the blanks. The dialogue will be played twice.

예지: 어머, 주연 씨, 오랜만이에요.

주연: 예지 씨! 14. _____. 잘 지냈어요?

예지: 네. 우리 3년 전에 보고 처음 보는 거죠?

주연: 맞아요. 예지 씨 유학 가기 전에 보고 처음 보는 거잖아요.

예지: 너무 반가워요. 저 이제 한국 왔으니까 15. _____!

Section V - Speaking Practice

Section IV의 대화를 한두 문장씩 들려 드리고, 긴 문장은 나누어서 들려 드립니다. 잘 듣고 따라 하세요. 완전한 대화문은 Answer Key에서 확인할 수 있습니다.

A native speaker will read the dialogue from Section IV one or two sentences at a time. If a sentence is too long, it may be split into two or three parts. Listen and repeat after each part. You can check out the complete dialogue in the Answer Key at the back of the book.

Vocabulary

연예인	celebrity	특이하다	to be unique
기간	period (of time)	웃음소리	sound of laughter, laughing voice
주름	wrinkle	입사하다	to enter a company
자연스럽다	to be natural		
멀어지다	to grow apart	뭐든지	anything, whatever

서운하다	to feel hurt, to feel sad	저번	the last time
-과	with	청첩장	wedding invitation
아쉽다	to feel sorry, to feel sad	졸업식	graduation ceremony
한	about, approximately		

Section I – Complete the Dialogue

표현 상자에서 알맞은 표현을 골라서 그림 속 말풍선에 어울리는 문장을 완성하세요.

Complete the sentence for each speech balloon by choosing the most appropriate expression from the Expression Box.

Expression Box
표현 상자

- 제가 몸이 약해 보이지만
- 다른 사람이 할 때는 쉬워 보이지만
- 헬스장에 돈까지 낸 이상
- 다른 데보다 좀 비싼 편인데
- 저 운동 잘하는 편이거든요

- 혼자 청소하시는 걸 제가 보게 된 이상
- 혼자 가면 심심할 테니까
- 오후 되면 배가 고파질 테니까
- 무거운 거 들다가 다칠 수도 있다니까요
- 안 도와주셔도 된다니까요

[1~2]

A: 1. ⁓⁓⁓⁓⁓⁓⁓⁓⁓⁓⁓⁓⁓⁓⁓⁓⁓⁓⁓⁓, 나가서 간식을 좀 사 올까 해요.

B: 2. ⁓⁓⁓⁓⁓⁓⁓⁓⁓⁓⁓⁓⁓⁓⁓⁓⁓ 저랑 같이 가요.

[3~4]

A: 그 동작은 저도 할 수 있을 것 같아요. 3. ⁓⁓⁓⁓⁓⁓⁓⁓⁓⁓⁓⁓⁓⁓⁓⁓.

B: 한번 해 보세요. 4. ⁓⁓⁓⁓⁓⁓⁓⁓⁓⁓⁓⁓⁓, 직접 해 보면 생각보다 힘들어요.

[5~6]

A: 제가 다니는 헬스장은 5. ⁓⁓⁓⁓⁓⁓⁓⁓⁓⁓⁓⁓⁓⁓⁓⁓, 사람이 많지 않아서 정말 좋아요.

B: 그렇군요. 6. ⁓⁓⁓⁓⁓⁓⁓⁓⁓⁓⁓⁓⁓, 운동 안 하면 정말 아까울 것 같아요. 열심히 하세요.

[7~8]

A: 조심하세요! 7. ⁓⁓⁓⁓⁓⁓⁓⁓⁓⁓⁓⁓⁓⁓.

B: 괜찮아요. 8. ⁓⁓⁓⁓⁓⁓⁓⁓⁓⁓⁓⁓⁓, 사실은 힘이 세거든요.

[9~10]

A: 9. ⁓⁓⁓⁓⁓⁓⁓⁓⁓⁓⁓⁓⁓. 저 혼자 해도 돼요.

B: 10. ⁓⁓⁓⁓⁓⁓⁓⁓⁓⁓⁓⁓⁓, 안 도와드릴 수가 없죠. 청소기 저한테 주세요.

Section II - Reading Comprehension

다음은 한 회사의 메신저 대화의 일부입니다. 잘 읽고 문제를 풀어 보세요.

The following is an excerpt from a conversation on an office messaging program. Read carefully and answer the questions.

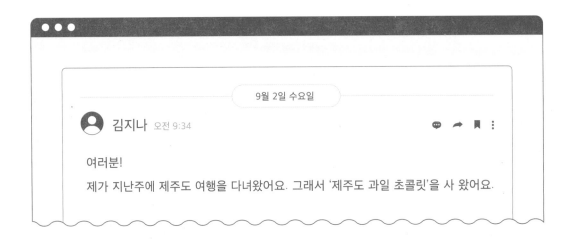

9월 2일 수요일

김지나 오전 9:34

여러분!
제가 지난주에 제주도 여행을 다녀왔어요. 그래서 '제주도 과일 초콜릿'을 사 왔어요.

휴게실에 있는 자판기 옆에 둘 테니까, 드시고 싶은 분은 가져가서 드세요!

초콜릿을 싫어하시는 분이 아닌 이상, 모든 분들이 좋아하실 만한 맛이니까
꼭 드셔 보세요!

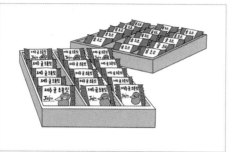

♥ 11

6개의 답글

이은정

방금 가서 하나 먹어 봤는데, 이 초콜릿은 ＿＿＿ㄱ＿＿＿.
저는 달지 않은 초콜릿을 좋아하거든요. 너무 맛있게 잘 먹었습니다!

박주연

우와, 방금 초콜릿 먹고 싶다고 생각하고 있었는데! 감사합니다!

김수민

우리 회사 직원분들이 초콜릿을 좋아하시는군요!
저희 집에도 초콜릿이 많은데 저는 잘 안 먹거든요.
다음 주에 ＿＿＿ㄴ＿＿＿ 같이 나눠 먹어요!

성연우

그런데 수민 씨 ＿＿＿ㄷ＿＿＿. 한꺼번에 다 가져오려고 하면 무겁
지 않겠어요?

김수민

괜찮아요! 제가 ＿＿ㄹ＿＿.

[11~14] Fill in each blank by choosing the appropriate phrase from the Expression Box.

Expression Box
표현 상자

- 제가 초콜릿을 사 올 테니까
- 달지 않은 편이네요
- 다 가져올 테니까
- 무거운 것을 잘 드는 편이거든요
- 힘이 세 보이는 편이거든요
- 초콜릿이 다 팔리지 않는 이상
- 집이 먼 편이잖아요
- 정말 맛있어 보이지만

11. ㉠ ～～～～～～～～～～～～～～～～～～～～～～～～～～～～～

12. ㉡ ～～～～～～～～～～～～～～～～～～～～～～～～～～～～～

13. ㉢ ～～～～～～～～～～～～～～～～～～～～～～～～～～～～～

14. ㉣ ～～～～～～～～～～～～～～～～～～～～～～～～～～～～～

15. Choose the statement that is correct according to the messenger conversation.

   a. 지나는 과일 초콜릿을 아직 먹어 본 적이 없다.

   b. 이 초콜릿은 평소에 초콜릿을 싫어하는 사람도 좋아할 만큼 맛있다.

   c. 이 초콜릿은 다른 초콜릿보다 덜 단 편이다.

   d. 수민은 집에 초콜릿이 많아서 초콜릿을 자주 먹는다.

Section III - Listening Comprehension

팟캐스트의 일부를 잘 듣고 문제를 풀어 보세요. 두 번 들려 드립니다.

Listen carefully to the excerpt of a podcast episode and answer the following questions. The excerpt will be played twice.

16. Choose the statement that is correct according to the excerpt.

   a. 남자는 자기가 공부를 열심히 한 적이 없다고 생각한다.

   b. 남자는 공부를 열심히 하지 않는 것처럼 보이지만 사실은 공부를 열심히 한다.

   c. 여자는 공부를 열심히 하는 것처럼 보이지만 사실은 공부를 열심히 하지 않는다.

   d. 여자는 퇴근 후에 학원에 가서 영어 공부와 스페인어 공부를 한다.

17. Which answer is correct according to the excerpt?

	남자		여자	
	고등학생 때	현재	고등학생 때	현재
a.	공부 열심히 한 편	공부 열심히 하는 편	공부 열심히 안 한 편	공부 열심히 안 하는 편
b.	공부 열심히 한 편	공부 열심히 안 하는 편	공부 열심히 한 편	공부 열심히 안 하는 편
c.	공부 열심히 안 한 편	공부 열심히 안 하는 편	공부 열심히 안 한 편	공부 열심히 하는 편
d.	공부 열심히 안 한 편	공부 열심히 하는 편	공부 열심히 한 편	공부 열심히 하는 편

Section IV - Dictation

대화를 잘 듣고 밑줄 친 부분을 채우세요. 대화는 두 번 들려 드립니다.

Listen carefully and fill in the blanks. The dialogue will be played twice.

현우: 승완 씨, 운동 좋아해요?

승완: 네, 제가 운동 안 좋아할 것 18. _____ 보이지만 굉장히 좋아하고
　　　19. _____.

현우: 의외네요. 일주일에 운동 한 번 하는 거 아니에요?

승완: 20. _____. 적어도 일주일에 세 번은 해요.

Section V - Speaking Practice

Section IV의 대화를 한두 문장씩 들려 드리고, 긴 문장은 나누어서 들려 드립니다.
잘 듣고 따라 하세요. 완전한 대화문은 Answer Key에서 확인할 수 있습니다.

A native speaker will read the dialogue from Section IV one or two sentences at a time. If a sentence is too long, it may be split into two or three parts. Listen and repeat after each part. You can check out the complete dialogue in the Answer Key at the back of the book.

Vocabulary

오후	afternoon	여러분	everyone	휴게실	lounge	거짓말하다	to lie
세다	to be strong, to be powerful	과일	fruit	한꺼번에	(all) at once	의외	surprise, unexpectedness
청소기	vacuum cleaner	초콜릿	chocolate	주제	topic, subject	적어도	at least, at the (very) least
				고등학교	high school		

Section I - Complete the Dialogue

밑줄 친 부분에 들어갈 가장 자연스러운 표현을 골라서 대화를 완성하세요.

Complete each dialogue by choosing the expression that fits most naturally in the blank.

1. A: 현우 씨가 회의 중에 눈을 감고 있네요. 졸고 있는 걸까요?

    B: 에이, 아닐 거예요. ＿＿＿＿＿＿＿＿＿ 거겠죠.

    a. 생각하기도 싫은   *b.* 생각에 잠겨 있는   *c.* 생각이 없는

2. A: 예림 씨, 무슨 생각을 하길래 그렇게 웃고 있어요?

    B: 저희 집 강아지 생각하고 있었어요. ＿＿＿＿＿＿＿＿＿ 기분이 좋아져요.

    a. 생각만 해도   *b.* 생각이 다르면   *c.* 생각이 나서

3. A: 캐시 씨, 좋아하는 한국 가수한테 한국어로 편지 써 본 적 있어요?

    B: 아니요, 없어요. 왜요?

    A: 캐시 씨는 한국어 잘하니까 한국어로 편지 쓰면 그 가수가 좋아할 것 같다는 ＿＿＿＿＿＿＿＿＿.

    B: 오! 좋은 생각이에요. 한국어로 편지 쓰면 제 편지가 눈에 띌 것 같아요.

    a. 생각이 들었어요   *b.* 생각이 났어요   *c.* 생각이 간절했어요

4. A: 이 게임에서 이기면 10만 원을 드립니다. 게임에 참여하시겠습니까?

    B: ＿＿＿＿＿＿＿＿＿. 참여하겠습니다!

    a. 생각해 보고 말 것도 없죠   *b.* 생각에 잠겨 있어요   *c.* 생각하기도 싫네요

5. A: 한나 씨, 저희 밖에 나가서 저녁 먹고 올 건데, 같이 가실래요?

    B: 아, 저는 그냥 사무실에 있을게요. 오늘은 이상하게 ＿＿＿＿＿＿＿＿＿
       맛있게 드시고 오세요!

    a. 저녁 생각이 없네요   *b.* 저녁 생각이 간절하네요   *c.* 저녁 생각이 다르네요

6. A: 으악! 현우 씨, 왜 거기 그렇게 서 있어요? 깜짝 놀랐잖아요.

   B: 저 때문에 놀라셨어요? 놀라게 할 _____... 죄송해요.

   a. 생각은 없었는데   *b.* 생각이 났는데   *c.* 생각하기도 싫었는데

7. A: 어젯밤에 제 방에서 진짜 큰 쥐가 나왔어요.

   B: 네? 쥐가 나왔다고요? 으... 정말 _____.

   a. 생각해 보고 말 것도 없네요   *b.* 생각하기도 싫네요   *c.* 생각이 간절하네요

8. A: 경화 씨!

   B: 네?

   A: 어... 내가 무슨 말 하려고 했더라? 잊어버렸어요.

   B: 하하하, 다시 _____ 말해 주세요.

   a. 생각 들면   *b.* 생각 없으면   *c.* 생각나면

9. A: 나 어제 등산 갔는데, 물을 안 가져가서 목말라 죽는 줄 알았잖아.

   B: 와, 진짜 물 _____.

   a. 생각에 잠겨 있었겠네   *b.* 생각이 간절했겠네   *c.* 생각하기도 싫었겠네

10. A: 석진 씨, 사내 노래 대회에서 1등을 하셨는데요, 기분이 어떠세요?

   B: 저희 회사 사람들이 노래를 못하기는 하지만, 제가 1등을 할 줄은 몰랐어요.

   정말 _____. 너무 행복하네요.

   a. 생각해 보고 말 것도 없죠   *b.* 생각하기도 싫네요   *c.* 생각지도 못했던 일이에요

Section II - Fill in the Blank

다음은 기사 제목들입니다. 밑줄 친 부분에 알맞은 표현을 표현 상자에서 골라 써 보세요.

The following is a series of article headlines. Fill in each blank with the most appropriate expression from the Expression Box.

TTMIK TIMES

가수 김예림 서른 살 생일 파티... " ⓐ 축하, 깜짝 놀랐어"

📰 Read More

축구 선수 박은경, "아마 내 인생의 마지막 경기... 금메달 따고 싶은 ⓑ "

📰 Read More

환경 보호 운동가 선현우, "미래 환경 점점 안 좋아져... 내 아이를 ⓒ 해결해야죠"

📰 Read More

국회 의원 김소희, "XX당에서 나올 예정"... 이유? "정치에 대한 ⓓ "

📰 Read More

* Vocabulary
당 = (political) party

Expression Box
표현 상자

- 생각지도 못한
- 생각하기도 싫어서
- 생각에 잠겨 있다
- 생각만 해도
- 생각해 보고 말 것도 없다
- 생각이 많이 다르다
- 생각해서라도
- 생각이 간절하다

11. ⓐ _____

12. ⓑ _____

13. ⓒ _____

14. ⓓ _____

Section III - Listening Comprehension

대화를 잘 듣고, 아래 문장이 맞으면 T를, 틀리면 F를 쓰세요. 대화는 두 번 들려 드립니다.

Listen to the dialogue and decide if the statement is true or false. Write "T" if the statement is true and "F" if it is false. The dialogue will be played twice.

15. 남자는 좋아하는 음식이 별로 없다.

16. 남자는 싫어하는 음식에 대해서 생각해 본 적이 없다.

17. 남자는 앞으로 채소를 많이 먹을 생각이다.

18. 남자는 고기를 먹을 때 채소를 많이 먹는다.

19. 여자는 삼겹살이랑 치킨을 좋아한다.

Section IV - Dictation

대화를 잘 듣고 밑줄 친 부분을 채우세요. 대화는 두 번 들려 드립니다.

Listen carefully and fill in the blanks. The dialogue will be played twice.

경화: 나는 고등학교 시절 20. _____ 기분이 좋아져.

보람: 진짜? 나는 고등학교 시절은 생각하기도 싫은데.

경화: 그래? 그럼 너는 고등학교 선생님 되고 싶은 21. _____.

보람: 응, 전혀 생각 없지.

Section V - Speaking Practice

Section IV의 대화를 한두 문장씩 들려 드리고, 긴 문장은 나누어서 들려 드립니다. 잘 듣고 따라 하세요. 완전한 대화문은 Answer Key에서 확인할 수 있습니다.

A native speaker will read the dialogue from Section IV one or two sentences at a time. If a sentence is too long, it may be split into two or three parts. Listen and repeat after each part. You can check out the complete dialogue in the Answer Key at the back of the book.

Vocabulary

(눈을) 감다	to close (one's eyes)	등산	hiking
이기다	to win	목마르다	to be thirsty
저녁	dinner, evening	사내	in-company, in-house
깜짝	with surprise	인생	life
쥐	mouse, rat	환경	environment

보호	protection	정치	politics
운동가	activist	글쎄요	well, let me see
미래	future	당근	carrot
점점	more and more	채소	vegetable
당	(political) party		

Lesson 22.
Word Builder 20 시(示, 視)

Section I - Fill in the Blank

그림을 보고 밑줄 친 부분에 알맞은 말을 골라 문장을 완성하세요.

Look at the pictures and complete the sentences by choosing the right word for each blank.

1. 제가 _____을 보여 줄 테니까 잘 보고 따라 하세요.

   a. 시범

   b. 시찰

   c. 시선

2. 그 사람은 항상 비싼 가방, 비싼 옷, 좋은 차를 _____ 하더라고요.

   a. 게시

   b. 과시

   c. 표시

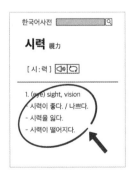

한국어사전

시력 視力

[시ː력] 🔊 🔁

1. (eye) sight, vision
 - 시력이 좋다. / 나쁘다.
 - 시력을 잃다.
 - 시력이 떨어지다.

3. 한국어 단어를 공부할 때, 사전에 나오는 _____ 문장을 읽어 보세요. 그 단어를 어떤 상황에서 쓰는지 배울 수 있어서 정말 좋아요.

   a. 예시

   b. 표시

   c. 게시

4. 저는 _____ 이 안 좋아서 안경을 써야 해요.

    a. 시각

    b. 시청

    c. 시력

5. 지금까지 드라마 〈사랑해〉를 _____ 해 주신 여러분 감사합니다.

    a. 시찰

    b. 시청

    c. 시선

Section II - Comprehension

다음 단어 중 'Level 9 Lesson 22. Word Builder 20 / 시(示, 視)'에서 배운 '시(示, 視)'가 사용된 단어를 고르세요.

Select the word that uses the version of 시(示, 視) that we learned in Level 9 Lesson 22: Word Builder 20 / 시(示, 視).

6.

    a. 시각   *b.* 시계   *c.* 시간

7.

    a. 시작   *b.* 시야   *c.* 시장

8.

    a. 과시   *b.* 도시   *c.* 무시

9.

    a. 택시   *b.* 게시   *c.* 혹시

10.

    a. 시험   *b.* 시식   *c.* 시력

Section III - Reading Comprehension

다음은 뉴스 기사의 일부입니다. 잘 읽고 문제를 풀어 보세요.

The following is an excerpt from a news article. Read it carefully and answer the questions.

TTMIK TIMES

20XX-10-09 오전 09:58

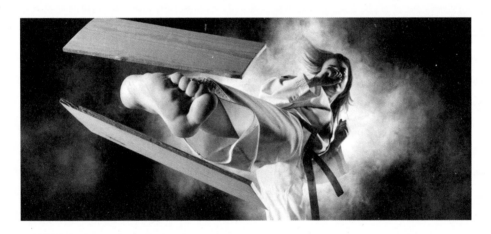

미국의 한 TV 오디션 프로그램에서 한국의 태권도 시범단이 결승에 올랐다. 우승 팀에는 상금 100만 달러가 주어질 예정이다. 시범단은 '힘들 때도 희망을 잃지 말자'라는 공연 주제를 가지고, 멋진 태권도 동작과 격파를 보여 줬다.

전 세계의 시청자들은 "무대에서 시선을 떼지 못할 정도로 좋았다", "한국의 태권도는 정말 멋지다", "나도 태권도를 배워 보고 싶다는 생각이 들었다"라고 말했다. 시범단은 공식 홈페이지 게시판에 "국민 여러분이 관심을 가져 주신 덕분에 더 잘할 수 있었다"라고 감사 인사를 올렸다.

TTMIK Times 김소희 기자 (sohee***@ttmiktimes.com)

* Vocabulary
-단 = group
결승 = the final round
상금 = prize money
전 = all

11. Which of the following titles fits most appropriately in blank ㉠?

    a. 전 세계 사람들, 태권도 배우고 싶다!

    b. 힘들 때도 희망을 잃지 말자!

    c. 한국 태권도 시범단, 미국 오디션 프로그램 결승에!

    d. 미국 프로그램에서 왜 한국 사람들한테 감사 인사를?

12. Choose the statement that is correct according to the article.

    a. The Korean taekwondo demonstration team won one million dollars.

    b. The Korean taekwondo demonstration team impressed viewers all over the world.

    c. The Korean taekwondo demonstration team thanked the viewers on air.

    d. None of the above is correct.

Section IV - Listening Comprehension

한 강의의 일부를 잘 듣고 문제를 풀어 보세요. 두 번 들려 드립니다.

Listen carefully to an excerpt from a lecture and answer the following questions. The excerpt will be played twice.

* 집중력 = *concentration*

13. Choose the statement that is incorrect according to the lecture.

    a. 학생들은 동영상 같은 시청각 자료를 사용한 수업을 싫어한다.

    b. 선생님의 시선 처리에 따라 학생들이 수업에 집중하지 못할 수도 있다.

    c. 게시판을 잘 사용하면 학생들의 복습에 도움이 될 수 있다.

    d. None of the above is incorrect.

14. Choose the statement that is correct according to the lecture.

    a. Teachers don't like to use audio and video materials.

    b. Some teachers teach while only looking at the students who are sitting in front.

    c. Students don't feel comfortable making eye contact with their teacher.

    d. None of the above is correct.

Section V - Dictation

대화를 잘 듣고 밑줄 친 부분을 채우세요. 대화는 두 번 들려 드립니다.

Listen carefully and fill in the blanks. The dialogue will be played twice.

예지: 박주연 선생님, 이번 15. _____ 어떤 시청각 자료 쓰실 거예요?

주연: 아! 16. _____ 올려서 공유할게요.

예지: 아, 언제 올리실 거예요?

주연: 오늘 밤에 올릴게요.

Section VI - Speaking Practice

Section V의 대화를 한두 문장씩 들려 드리고, 긴 문장은 나누어서 들려 드립니다.
잘 듣고 따라 하세요. 완전한 대화문은 Answer Key에서 확인할 수 있습니다.

A native speaker will read the dialogue from Section V one or two sentences at a time. If a sentence is too long, it may be split into two or three parts. Listen and repeat after each part. You can check out the complete dialogue in the Answer Key at the back of the book.

Vocabulary

여러분	everyone	오르다	to rise, to be advanced	격파	break, smash	팁	tip
시계	clock, watch			전	all	집중력	concentration
오디션	audition	우승	victory, championship, title	홈페이지	homepage	고루고루	evenly
프로그램	program			국민	nation, people	자연스럽다	to be natural
-단	group	상금	prize money	막	just	공유하다	to share
결승	the final	주제	subject, topic, theme	조언	advice		

Lesson 23.
While -(으)면서

Section I - Complete the Dialogue

표현 상자에서 알맞은 표현을 고르고, '-(으)면서'를 사용해서 대화를 완성하세요.

Choose the appropriate expression from the Expression Box and complete the dialogues using -(으)면서.

Expression Box
표현 상자

- 음악(을) 듣다
- 자다
- 먹다
- 화장하다
- 운전하다
- 걱정하는 척하다
- 가수이다
- 쓰지도 않을 거다
- 네 마음대로 할 거다

---

[1]

A: 현우 씨, 왜 이제 와요?

B: 왜요? 무슨 일 있었어요?

A: 네. 현우 씨가 확인해 줘야 할 게 있어서 계속 전화했는데... 전화는 왜 안 받았어요?

B: 어? 미안해요. 1. _____ 운동하느라고 핸드폰 소리를 못 들었어요.

[2]

A: 2. _____ 핸드폰 사용하면 안 돼요.

B: 맞아요. 위험하죠. 근데 그럼 운전하고 있는데 전화 오면 어떡해요?

A: 받으면 안 되죠. 아니면 차를 세우고 받으면 되죠.

B: 아, 세우고 받으면 되겠군요.

[3]

A: 뭐 3. _____ 말하지 마. 더러워.

B: 어떻게 나한테 더럽다고 할 수가 있어?

A: 입안에 있는 음식이 다 보이잖아.

B: 그래도.

[4]

A: 저 사람 이름이 뭐였죠?

B: 진석진이요! 제가 제일 좋아하는 가수예요.

A: 어? 그래요? 저는 저 사람 영화에서 본 것 같은데요? 영화배우 아니에요?

B: 아, 4. _____ 배우예요. 원래 가수였는데 요즘은 영화도 찍고 있어요.

[5]

A: 윤아야, 나 이 가방 살 건데 파란색 살까, 빨간색 살까?

B: 음... 파란색이 예쁘네. 파란색 사.

A: 아니야. 파란색 말고 빨간색 살래.

B: 뭐야. 결국 5. _____ 왜 물어봤어?

[6]

A: 경은아, 너 컵 안 필요해?

B: 컵? 안 필요한데. 갑자기 컵은 왜?

A: 우리 집에 6. _____ 사 놓은 컵이 엄청 많거든.

B: 아, 그렇구나. 희주가 최근에 이사했다고 들었는데, 혹시 컵 필요하냐고 물어봐.

* 강의 = lecture, class

[7]

A: 경은 씨는 항상 바쁜데 영어 공부는 언제 해요?

B: 저는 아침에 공부해요.

A: 아침에요? 아침에 출근 준비하느라 바쁘지 않아요?

B: 옷 입으면서 발음 연습하고, 7. _____ 팟캐스트로 영어 강의* 들어요.

[8~9]

A: 저 어제 자다가 침대에서 떨어졌어요. 제가 평소에 8. _____
많이 움직이는 편이긴 한데, 침대에서 떨어진 건 처음이에요.

B: 침대에서 떨어졌다고요? 하하하. 몸은 괜찮아요?

A: 어? 왜 웃어요? 지금 9. _____ 놀리는 거죠?

B: 아니에요. 놀리는 거 아니에요.

Section II - Reading Comprehension

은경의 일기를 읽고, 문제를 풀어 보세요.

Read Eun-kyeong's diary entry and answer the questions.

20XX년 X월 X일

오늘 퇴근길에 ㉠무서우면서 웃긴 일이 있었다. 오늘 퇴근을 늦게 해서, 집에 들어가는 길이 좀 어두웠다. 길이 어두우니까 좀 무서워서 빨리 걸어가고 있었다. 그런데 집에 거의 다 도착했을 때, 저 앞에서 '짝, 짝, 짝' 소리가 났다. 소리가 난 쪽에는 키 큰 남자가 서 있었다. 그 남자는 나를 보고 ㉡웃으면서 박수를 치고 있었다. 진짜 깜짝 놀랐다. 너무 무서웠지만 안 무서운 ㉢척하면서 다른 길로 걸어갔다. 그런데 그 남자가 갑자기 나한테 "야!"라고 ㉣하면서 내 쪽으로 걸어왔다. 나는 놀라서 다른 데로 뛰어가려고 했다. 그런데 그때 그 남자가 "은경아!" 하고 내 이름을 불렀다. 그 남자는 우리 아빠였다. 아빠는 내가 오니까 반가워서 웃었고, 퇴근 축하한다는 뜻으로 박수를 친 거라고 하셨다. 아빠 때문에 놀라긴 했지만, 그래도 그 사람이 아빠여서 정말 다행이었다.

10. Choose the statement that is incorrect according to the diary.

   a. 은경은 집에 가기 위해서 어두운 길을 지나가는 중이었다.

   b. 은경을 보면서 박수를 치던 남자는 키가 컸다.

   c. 은경은 남자를 보고 소리를 지르면서 다른 길로 도망갔다.

   d. 은경은 그 남자가 누구인지 지금은 알고 있다.

11. Choose the statement that is correct according to the diary.

   a. 그 남자는 은경의 이름을 몰라서 "야!"라고 불렀다.

   b. 그 남자는 은경이 이미 알고 있는 사람이었다.

   c. 그 남자는 은경의 생일을 축하하기 위해서 박수를 쳤다.

   d. 그 남자는 평소에도 박수를 자주 치는 편이다.

12. Read the explanation of how -(으)면서 is used below. Then, from the four usages of -(으)면서 in the passage above, choose the one usage that is different from the other three.

Usages of -(으)면서

1. You can use -(으)면서 to describe how you are engaging in two actions at the same time, or how you do one thing while also doing another thing, such as "studying Korean while cleaning the house" or "exercising while listening to music".

2. You can also contrast two actions or states by linking them with -(으)면서. When one state or action betrays or is the opposite of the other action, you can use -(으)면서 between the two verbs.

– Talk To Me In Korean Level 9 Lesson 23

a. ㉠   b. ㉡   c. ㉢   d. ㉣

Section III - Listening Comprehension

대화를 잘 듣고, 아래 문장이 맞으면 T를, 틀리면 F를 쓰세요. 대화는 두 번 들려 드립니다.

Listen to the dialogue and decide if the statement is true or false. Write "T" if the statement is true and "F" if it is false. The dialogue will be played twice.

13. 승완은 운동할 때는 운동만 하는 것을 좋아한다. ‿‿‿‿‿

14. 희주는 운동하는 것보다 드라마 보는 것을 더 좋아한다. ‿‿‿‿‿

15. 희주는 책을 읽으면서 운동을 하려고 한다. ‿‿‿‿‿

16. 승완은 식사를 하면서 책을 읽어 본 적이 없다. ‿‿‿‿‿

Section IV - Dictation

대화를 잘 듣고 밑줄 친 부분을 채우세요. 대화는 두 번 들려 드립니다.

Listen carefully and fill in the blanks. The dialogue will be played twice.

경화: 경은 씨는 17. _____ 드라마는 도대체 언제 봐요?

경은: 퇴근하고 18. _____ 봐요.

경화: 아, 지하철에서요?

경은: 네. 드라마 보면 시간이 금방 가서 좋더라고요.

Section V - Speaking Practice

Section IV의 대화를 한두 문장씩 들려 드리고, 긴 문장은 나누어서 들려 드립니다.
잘 듣고 따라 하세요. 완전한 대화문은 Answer Key에서 확인할 수 있습니다.

A native speaker will read the dialogue from Section IV one or two sentences at a time. If a sentence is too long, it may be split into two or three parts. Listen and repeat after each part. You can check out the complete dialogue in the Answer Key at the back of the book.

Vocabulary

(차를) 세우다	to stop, to pull over	최근에	recently	침대	bed	서다	to stand
컵	cup	팟캐스트	podcast	퇴근길	(on one's) way back from work	박수를 치다	to applaud, to clap
엄청	very, much	강의	lecture	쪽	direction, side	깜짝	with surprise

Lesson 24. -(ㄴ/는)다면서요, -(이)라면서요
Didn't you say...?, I heard that...

Section I - Complete the Dialogue

표현 상자에서 알맞은 표현을 고르고, '-(ㄴ/는)다면서요'나 '-(이)라면서요'를 사용해서 대화를 완성하세요.

Complete each dialogue by combining the appropriate expression from the Expression Box with -(ㄴ/는)다면서요 or -(이)라면서요.

Expression Box
표현 상자

• 이사하다	• 공부하다	• 퇴근하다	• 잘하다	• 그만두다
• 그렇다	• 가깝다	• 선생님이다	• 영어다	• 먹다

[1]

A: 지나 씨, 6시에 ^{1.} _____ 집에 안 가세요?

B: 네, 오늘 끝내야 하는 일을 아직 못 끝냈거든요.

A: 그래도 너무 늦었는데, 내일 일찍 오셔서 하세요.

B: 좀만 더 하면 끝내고 집에 갈 수 있을 것 같아요. 먼저 가세요.

[2]

A: 두루 씨, 저 나가서 먹을 것 좀 사 올게요. 오늘 아침부터 아무것도 안 먹어서 너무 배고파요.

B: 그래요? 갑자기 저도 배고프네요. 저랑 같이 나가요. 저도 먹을 것 좀 사 와야겠어요.

A: 네? 두루 씨 30분 전에 점심 ^{2.} _____!

B: 저는 원래 배가 자주 고파요.

[3]

A: 어제 오랜만에 제 친구 캐시를 만났는데, 한국어 실력이 많이 늘었더라고요.

B: 그래요? 그 친구도 TTMIK 책으로 ^{3.} _____

A: 맞아요. 이번 달에 TTMIK 문법 책 Level 10까지 다 끝냈대요.

B: 와, 그럼 그 친구는 한국어를 정말 잘하겠네요!

[4]

A: 승완 씨, 형이 영어 4. ~~~~~~~~~~~~~~~~~~~~?

B: 네, 맞아요. 학원에서 학생들 가르치고 있어요.

A: 그러면 형이 승완 씨 영어 공부 많이 도와줬겠네요. 좋겠다.

B: 아니요. 저는 형한테 배우고 싶지 않아서 다른 학원 다녔어요.

[5]

A: 윤아 씨, 주말에 뭐 할 거예요?

B: 친구랑 남산 공원 갈 거예요. 남산 공원에서 야경 보면 정말 멋있거든요.

A: 5. ~~~~~~~~~~~~~~~~~~~~? 저는 가 본 적이 없어서 잘 몰라요.

B: 안 가 보셨어요? 다음에 저랑 같이 가요.

[6]

A: 준배 씨, 이렇게 빨리 헤어질 줄 몰랐네요. 다른 회사로 가시는 거예요?

B: 네? 무슨 말씀이세요?

A: 어? 준배 씨 회사 6. ~~~~~~~~~~~~~~~~~~~~! 아니에요?

B: 절대 아닌데요! 누가 그래요?

[7~8]

A: 희주 씨, 다음 주 토요일에 7. ~~~~~~~~~~~~~~~~~~~~?

B: 어, 맞아요! 어떻게 알았어요?

A: 승완 씨가 말해 줬어요. 희주 씨 새 집이 승완 씨 집이랑 8. ~~~~~~~~~~~~~~~~~~~~.

B: 맞아요. 걸어서 10분밖에 안 걸려요.

[9~10]

A: 예림 씨, 영어만 잘하는 줄 알았는데 프랑스어도 9. ~~~~~~~~~~~~~~~~~~~~?

B: 아, 제가 어릴 때 프랑스에서 살았거든요. 그리고 대학교 때 전공이 프랑스어였어요.

A: 어? 예림 씨 전공 10. ~~~~~~~~~~~~~~~~~~~~

B: 아, 전공이 두 개였어요. 영어랑 프랑스어 둘 다 전공했어요.

Section II - Reading Comprehension

다음 글을 잘 읽고 문제를 풀어 보세요.

Read the passage carefully and answer the questions.

[TTMIK Food]

대한민국의 자랑, TTMIK 간장 게장!

TTMIK 간장 게장이 그렇게 맛있다면서요?

좋은 재료를 사용해서 만든 간장으로,

대한민국에서 최고로 맛있는 간장 게장 을 만들었습니다.

살이 아주 많은 TTMIK 간장 게장

2kg에 23,000원!

저렴한 가격으로 만나 보실 수 있습니다.

Q. TTMIK 간장 게장은 왜 가격이 싸죠?

TTMIK Food에서는 채소를 직접 키우고 간장도 직접 만들기 때문에 가격이 쌉니다. 가격은 싸지만 다른 간장 게장보다 더 맛있고 신선해요!

Q. *TTMIK* 간장 게장은 짜지 않다면서요?

네! *TTMIK Food*에서는 좋은 소고기, 사과, 배, 고추를 사용해서 짜지 않은 간장을 만듭니다!
짜지 않고 건강한 간장 게장! 한번 먹어 보면 또 먹고 싶은 간장 게장! *TTMIK Food*에서 만나
보세요!

11. What is the purpose of this passage?

    a. To introduce what 간장 게장 is

    b. To sell 간장 게장

    c. To study about 간장 게장

    d. To buy 간장 게장

12. Choose the statement that is incorrect according to the passage.

    a. TTMIK 간장 게장은 다른 간장 게장보다 비싼 편이다.

    b. TTMIK 간장 게장은 다른 간장 게장보다 짜지 않은 편이다.

    c. TTMIK 간장 게장에는 TTMIK Food에서 직접 만든 간장이 들어간다.

    d. TTMIK 간장 게장에는 사과랑 배가 들어간다.

Section III - Listening Comprehension

다음 전화 통화 내용을 잘 듣고 문제를 풀어 보세요. 통화 내용은 두 번 들려 드립니다.

Listen to the phone conversation and answer the following questions. The phone conversation will be played twice.

* 한글날 = Hangeul Proclamation Day

13. Where is the woman now?

    a. 집   b. 생일 파티 장소   c. 사무실   d. 남자의 집

14. Why did the woman call the man?

    a. 좋은 회사에서 일하게 됐다고 말하고 싶어서

    b. 지금 사무실에 있다고 말하기 위해서

    c. 남자의 생일을 축하하기 위해서

    d. 한글날에 남자를 만나고 싶어서

15. Choose the statement that is <u>incorrect</u> according to the phone conversation. More than one answer may be possible.

    a. 여자는 남자의 생일을 잊어버린 적이 있다.

    b. 여자가 좋은 회사에서 일하게 된 것을 남자는 이미 알고 있었다.

    c. 여자는 지금 바빠서 남자랑 통화를 길게 할 수 없다.

    d. 여자는 남자가 곧 이사한다는 것을 모르고 있었다.

Section IV - Dictation

대화를 잘 듣고 밑줄 친 부분을 채우세요. 대화는 두 번 들려 드립니다.

Listen carefully and fill in the blanks. The dialogue will be played twice.

경은: 예지 씨, 16. ＿＿＿＿＿＿＿＿＿＿＿＿＿＿＿＿＿＿＿＿＿＿＿＿ ?

예지: 네, 회사 근처로 이사 가요.

경은: 네? 17. ＿＿＿＿＿＿＿＿＿＿＿＿＿＿＿＿＿＿＿＿＿＿＿＿ !

예지: 아, 아직 학교 졸업 안 했는데, 취업했어요*. 다음 달부터 출근해요.

                                 * 취업하다 = *to get a job, to be employed*

Section V - Speaking Practice

Section IV의 대화를 한두 문장씩 들려 드리고, 긴 문장은 나누어서 들려 드립니다. 잘 듣고 따라 하세요. 완전한 대화문은 Answer Key에서 확인할 수 있습니다.

A native speaker will read the dialogue from Section IV one or two sentences at a time. If a sentence is too long, it may be split into two or three parts. Listen and repeat after each part. You can check out the complete dialogue in the Answer Key at the back of the book.

Vocabulary

야경	night view	게장	soy sauce marinated crab	소고기	beef	아이고	Oh my!
전공	major	재료	ingredient	배	pear	점심시간	lunchtime
대한민국	Republic of Korea	저렴하다	to be inexpensive	고추	chili	한글날	Hangeul Proclamation Day
자랑	pride	채소	vegetable	삼촌	uncle	그날	that day
간장	soy sauce	신선하다	to be fresh	생신	birthday (honorific)	취업하다	to get a job, to be employed

Section I - Complete the Dialogue

문장 상자에서 알맞은 문장을 골라서 대화를 완성하세요.

Choose the appropriate sentence from the sentence box and complete the dialogue.

Sentence Box
문장 상자

- 이 근처에 화장실이 어디에 있는지 아세요?

- 화장실을 안 가 봐서 잘 모르겠네요.

- 왼쪽으로 가시면 11번 출구가 있거든요.

- 혹시 길 좀 물을 수 있을까요?

- 여기서 걸어가기에는 거리가 좀 있어요.

- 이 길로 100미터 정도 가시면 왼쪽에 보일 거예요.

- 계속 걸어가면 바다를 보실 수 있을 거예요.

- 여기서 가까운 지하철역이 어딘지 아세요?

- 이 카페 화장실이 어디예요?

1. A: 죄송한데요, 혹시 이 근처에 은행이 어디 있는지 아세요?

    B: ＿＿＿＿＿＿＿＿＿＿＿＿＿＿＿＿＿＿＿＿＿

    ＿＿＿＿＿＿＿＿＿＿＿＿＿＿＿＿＿＿＿＿＿

    A: 어... 천천히 다시 말씀해 주실 수 있어요?

    B: 아, 네! 이 앞으로 조금 걸어가면 왼쪽에 있을 거예요.

2. A: 저기요, 혹시 ＿＿＿＿＿＿＿＿＿＿＿＿＿＿＿

    ＿＿＿＿＿＿＿＿＿＿＿＿＿＿＿＿＿＿＿＿＿

    B: 어... 잘 모르겠네요.

    A: 아... 네, 감사합니다.

    B: 아마 지하철역에 있는 게 제일 가까울 거 같아요!

3. A: 죄송하지만 길 좀 물을게요. 서울역이 어느 쪽이에요?

   B: 서울역이요? 지금 여기가 서울역이에요.

   A: 아, 그래요? 엄청 넓네요. 그럼 지하철 타려면 어디로 가야 돼요?

   B: ＿＿＿＿＿＿＿＿＿＿＿＿＿＿＿ 거기로 내려가시면 돼요.

4. A: ＿＿＿＿＿＿＿＿＿＿＿＿＿＿＿＿＿＿＿

   B: 이 문 밖으로 나가셔서 왼쪽에 보시면 있고요,

      문 비밀번호는 0213이에요.

   A: 감사합니다.

   B: 네. 오른쪽에서 휴지 가져가세요.

5. A: 죄송하지만 길 좀 물을게요. 한강* 보려면 어느 쪽으로 가야 돼요?

   B: ＿＿＿＿＿＿＿＿＿＿＿＿＿＿＿＿＿＿

   A: 그래요? 많이 멀어요?

   B: 버스 타면 15분 정도 걸릴 거예요.

* 한강 = Han river

Section II - Reading Comprehension

다음 블로그 글을 잘 읽고 문제를 풀어 보세요.

Read the blog post carefully and answer the questions.

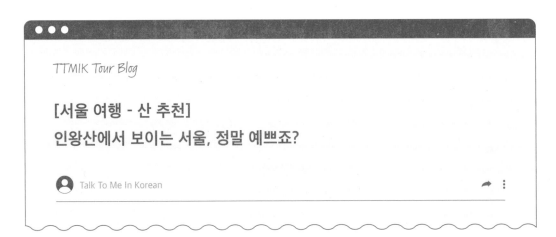

TTMIK Tour Blog

[서울 여행 - 산 추천]
인왕산에서 보이는 서울, 정말 예쁘죠?

Talk To Me In Korean

〈인왕산에서 보이는 서울〉

여러분, 안녕하세요? TTMIK Tour입니다!

오늘은 쉽게 올라갈 수 있는 산, 인왕산을 소개할게요.

인왕산은 낮에 가도 멋있지만 저녁에 가면 더 멋있어요.

산에 올라가면서는 노을을 보고, 정상에서는 야경도 보실 수 있어요.

Q: 시간이 얼마나 걸려요?

: 왕복 2시간 ~ 2시간 30분

Q. 어떤 길로 올라가면 좋을까요?

: 경복궁역 1번 출구 → 공원 → 호랑이 동상 → 범바위 → 인왕산 정상

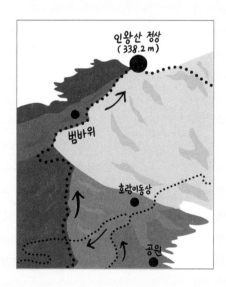

인왕산 정상까지 올라가는 길은 여러 개가 있어요.
저희는 경복궁역 1번 출구에서 출발했습니다!

경복궁역 1번 출구에서 300미터 정도 걸어가면 큰 공원이 있는데,
거기서 오른쪽으로 올라가면 호랑이 동상이 나와요.
그 호랑이 동상에서 왼쪽으로 가면 인왕산 입구가 있습니다!

사실 저도 서울 사람이 아니라서 길을 잘 몰랐는데요,
경복궁역에서 인왕산 입구까지 표지판이 많더라고요.
여러분도 표지판을 보고 가시면 길을 잘 찾으실 수 있을 거예요!
잘 모르겠으면 공원 앞에서 한번 물어보세요!

Q. 인왕산 근처에 갈 만한 곳이 있어요?
인왕산 근처에는 경복궁이랑 한옥 마을이 있어요.
그리고 홍대, 서울역도 멀지 않으니까 인왕산에 가기 전이나 후에 가기 좋을 것 같아요.
그런데 홍대나 서울역은 걸어가기에는 거리가 좀 있어서 버스 타고 가셔야 해요.

여러분, 이번 주말에는 인왕산에 가는 거 어때요?
우리 인왕산에서 만나요!

한보람 (boram***@ttmiktour.com)

Vocabulary

인왕산 = Inwang Mountain   노을 = sunset   동상 = statue
범바위 = Beombawi, the name of a big rock on Inwang Mountain

6. What is the purpose of this blog post?

   a. 서울 여행 준비   *b.* 서울 여행 장소 추천

   c. 서울 버스 정보 전달   *d.* 서울 한옥 마을 추천

7. Choose the statement that is incorrect according to the blog post.

   a. 인왕산에서는 멋진 야경을 볼 수 있다.   *b.* 인왕산에 올라가는 길은 하나밖에 없다.

   c. 인왕산은 경복궁역에서 걸어서 갈 수 있다.   *d.* 인왕산은 서울역에서 걸어가기에는 거리가 좀 있다.

8. Choose what you can find out about the writer from the blog post.

    a. 서울에 살거나 서울에서 태어난 사람이다.   *b.* 인왕산에 가 본 적이 없다.

    c. 인왕산까지 버스를 타고 갔다.   *d.* 표지판을 보고 인왕산 입구까지 찾아갔다.

9. If your friend asks you, "경복궁역에서 인왕산 입구까지 어떻게 가야 돼?", how would you answer?

    a. 경복궁역 근처 공원에서 왼쪽으로 가면 인왕산 입구가 있대.

    b. 경복궁역에서 걸어가기에는 거리가 좀 있대.

    c. 경복궁역 1번 출구로 나가서 걸어가면 된대.

    d. 경복궁역에서 인왕산 입구까지 가는 버스가 있대.

Section III - Listening Comprehension

대화를 잘 듣고 문제를 풀어 보세요. 대화는 두 번 들려 드립니다.

Listen to the conversation and answer the following questions. The conversation will be played twice.

10. Choose the statement that is <u>incorrect</u> according to the dialogue.

    a. 남자는 여자 두 명에게 길을 물어봤다.

    b. 첫 번째 여자는 이 근처에 사는 사람이 아니다.

    c. 여기서 교보문고까지 걸어가기에는 거리가 좀 있다.

    d. 교보문고에 가려면 큰길로 가야 한다.

11. According to the dialogue, where is <u>교보문고</u> located? Choose the correct location on the map below.

Answer: ~~~~~~~~~~~~~~~~~~~~~

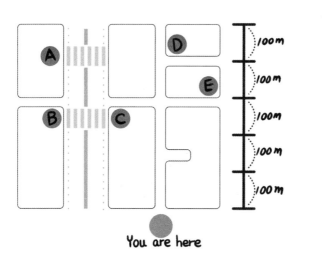

Section IV - Dictation

대화를 잘 듣고 밑줄 친 부분을 채우세요. 대화는 두 번 들려 드립니다.

Listen carefully and fill in the blanks. The dialogue will be played twice.

석준: 저기요, 12. ～～～～～～～～～～～～～～～～～～～～～～～. 서울역이 어느 쪽이에요?

행인1: 저도 잘 모르겠네요.

석준: 저기 죄송한데, 혹시 길 좀 물을 수 있을까요? 서울역이 어느 쪽이에요?

행인2: 이쪽으로 쭉 가시면 되는데, 13. ～～～～～～～～～～～～～～～～～～～.
　　　　버스 타셔야 될 거예요.

석준: 네, 감사합니다.

Section V - Speaking Practice

Section IV의 대화를 한두 문장씩 들려 드리고, 긴 문장은 나누어서 들려 드립니다.
잘 듣고 따라 하세요. 완전한 대화문은 Answer Key에서 확인할 수 있습니다.

A native speaker will read the dialogue from Section IV one or two sentences at a time. If a sentence is too long, it may be split into two or three parts. Listen and repeat after each part. You can check out the complete dialogue in the Answer Key at the back of the book.

Vocabulary

엄청	very, much	바다	sea	야경	night view	표지판	sign
내려가다	to go down	인왕산	Inwang Mountain	왕복	round trip	한옥	Korean-style house
비밀번호	password	여러분	everyone	동상	statue	그다음	next, following
오른쪽	the right, right side	올라가다	to go up	범바위	Beombawi, the name of a big rock on Inwang Mountain	큰길	main street
		소개하다	to introduce			첫 번째	the first
휴지	tissue, toilet paper	낮	day				
한강	Han River	노을	sunset	여러	various		

Lesson 26.
Advanced Idiomatic Expressions 11

시간 (Time)

Section I - Complete the Dialogue

문장 상자에서 가장 알맞은 표현을 골라서 대화를 완성하세요.

Complete each dialogue using the most appropriate expression from the Sentence Box.

Sentence Box
문장 상자

- 점심 먹을 시간도 없었어요.
- 좀처럼 운동할 시간이 안 나요.
- 영화 보면서 시간을 보내요.
- 주말에 시간이 남아돌면 가끔 해요.
- 혹시 잠깐 시간 좀 내 줄 수 있어요?

- 그럴 시간 있으면 나 좀 도와줘.
- 나 완전히 시간 낭비했네.
- 정말 시간을 되돌리고 싶다.
- 시간이 너무 빨리 간다!
- 우리 이러고 있을 시간이 없어!

1. A: 현우 씨, ＿＿＿＿＿＿＿＿＿＿＿＿＿＿＿＿＿＿＿＿＿＿＿＿

   B: 그럼요. 무슨 일이세요?

   A: 제가 요즘 영어 공부를 하고 있는데, 물어보고 싶은 게 있어서요.

   B: 그래요? 지금 시간 있으니까 물어보세요.

2. A: 우리 고등학교 졸업한 게 벌써 15년 전이야.

   B: 15년? ＿＿＿＿＿＿＿＿＿＿＿＿＿＿＿＿＿＿＿ 10년도 안 된 것 같은데...

   A: 그러니까.

   B: 벌써 15년이 지났다는 게 믿기지 않아.

3. A: 연우 씨는 주말에 보통 뭐 해요?

   B: 저는 주로 ＿＿＿＿＿＿＿＿＿＿＿＿＿＿＿＿＿＿＿ 제가 영화를 정말 좋아하거든요.

   A: 아, 연우 씨 영화 좋아하는군요. 드라마는 안 좋아한다고 했었죠?

   B: 안 좋아하는 건 아닌데, 드라마는 한 시즌* 다 보려면 시간이 너무 오래 걸리니까 잘 안 봐요.

   * 시즌 = season

4. A: 나 방금 두루 씨한테 실수한 것 같아. 어떡하지?

   B: 왜? 무슨 일인데?

   A: 두루 씨 강아지한테 "두루야!"라고 불러 버렸어... ～～～～～～～～～～～～～～～

   B: 에이, 괜찮아. 두루 씨도 재밌는 실수라고 생각하고 이해해 줄 거야.

5. A: 어? 윤아야, 안녕! 여기서 뭐 해?

   B: 내가 좋아하는 영화배우가 오늘 이 카페에 온다고 해서 기다리고 있어.

   A: 그 배우 오늘 말고 내일 온대. 내가 아까 카페 직원한테 물어봤어.

   B: 정말? 세 시간 동안 기다렸는데, ～～～～～～～～～～～～～～～～～

6. A: 동근 씨는 청소 자주 하세요?

   B: 아니요. 저는 청소 별로 안 좋아해요. 재미가 없잖아요.

   A: 그래도 청소를 안 할 수는 없잖아요.

   B: ～～～～～～～～～～～～～～～～～

7. A: 요즘 회사 사람들이 운동을 열심히 하네요.

   B: 그러네요. 수민 씨도 운동해요?

   A: 아니요. 퇴근하고 집에 가면 밤이어서 ～～～～～～～～～～～～～～～～

   B: 수민 씨 집이 회사에서 멀어서 정말 그러겠네요.

8. A: 한나 씨, 오늘 엄청 바빠 보이네요.

   B: 네, 오늘 좀 바쁜 날이에요. 너무 바빠서 ～～～～～～～～～～～～～～

   A: 엄청 배고프겠어요. 저 김밥 있는데 좀 줄까요?

   B: 아니에요. 아직 할 일이 많이 남았거든요. 그래도 감사해요!

9. A: 지나야, 이 옷 좀 봐. 진짜 예쁘지? 나 이거 입어 볼까?

   B: ～～～～～～～～～～～～～～ 10시에 드라마 시작하니까 빨리 집에 가야 돼.

   A: 아직 9시 40분밖에 안 됐으니까 옷 볼 시간은 있지 않아?

   B: 20분밖에 안 남은 거지! 빨리 가자.

10. A: 석진아, 거기서 뭐 해?

    B: 응? 밖에 지나가는 사람들 보고 있어.

    A: ～～～～～～～～～～～～～～ 이것 좀 같이 옮기자.

    B: 왜 이걸 혼자 하고 있어? 무거우니까 사람들 더 부르자.

Talk To Me In Korean Workbook

Section II - Reading Comprehension

아래는 캐시가 보람에게 받은 이메일입니다. 잘 읽고 문제를 풀어 보세요.

Below is an email that Cassie received from Boram. Read the email carefully and answer the questions.

한보람 (boram@******.com)   20XX.02.13

안녕, 캐시!

오랜만에 이메일 하네. 잘 지냈어?

나는 지난달까지 회사에 일이 너무 많아서 좀처럼 이메일 쓸 시간이 안 났어. 회사 다니는 동안 정말 친구 만날 시간도 없었던 것 같아. 주말에도 못 쉬고 계속 일했거든. 지금은 회사 그만둬서 시간이 남아돌아! 그래서 여행도 많이 다니고, 다음 회사도 알아보고 있어.

너는 요즘 잘 지내? 미국에서 새로 들어간 회사는 좀 어때? 너희 어머니, 아버지는 잘 계셔? 궁금한 게 너무 많다! 우리 시간 내서 통화 한번 하자. 얼마 전에는 프랑스로 유학 간 현우랑 통화했는데, 정말 시간 가는 줄 모르고 수다 떨었어. 오랜만에 통화하니까 재밌더라고.

우리도 얼른 수다 떨자. 몇 시에 통화하면 좋을까? 너 퇴근한 다음에 통화하는 게 좋겠지?

한국 시간으로 오후 1시에서 3시 사이 어때? 편한 시간 알려 줘. 나는 시간이 남아도니까 아무 때나 괜찮아.

답장 기다릴게!

II. Why did 보람 email 캐시?

a. 캐시가 잘 지내는지 궁금해서   b. 회사가 너무 바빠서

c. 회사를 그만둬서   d. 프랑스로 유학을 가게 되어서

12. Choose the statement that is <u>incorrect</u> according to the email.

    a. 보람은 최근에 회사를 그만두었다.   *b.* 보람은 최근에 현우와 통화를 했다.

    c. 캐시는 지금 한국에 살고 있다.   *d.* 캐시는 새로운 회사에 들어갔다.

13. Choose the statement that is correct according to the email.

    a. 보람은 회사를 그만둬서 캐시에게 이메일할 시간이 안 났다.

    b. 보람은 너무 바빠서 캐시와 통화할 시간을 낼 수가 없다.

    c. 보람은 현우와 통화했을 때 시간을 되돌리고 싶다고 생각했다.

    d. None of the above is correct.

Section III - Listening Comprehension

오디오를 잘 듣고 문제를 풀어 보세요. 두 번 들려 드립니다.

Listen to the audio and answer the following questions. The audio will be played twice.

                                              * 평균 = *average*
                                        * 소중하다 = *to be precious*

14. What is the purpose of the speech?

    a. 뉴스 기사의 내용에 대해 알려 주기   *b.* 사람들에게 스마트폰을 팔기

    c. 시간의 소중함에 대해 말하기   *d.* 스마트폰을 덜 사용하자고 말하기

15. Choose the statement that is <u>incorrect</u> according to the speech.

    a. 20대는 하루 평균 4시간 정도 스마트폰을 사용한다.

    b. 사람들은 주말보다 평일에 스마트폰을 더 많이 사용한다.

    c. 스마트폰을 너무 오래 사용하면 건강이 나빠질 수 있다.

    d. 스마트폰을 너무 오래 사용하면 시간을 낭비하게 될 수 있다.

16. Write down the names of the people who think differently from the speaker.

한나: 나는 출퇴근할 때도 계속 스마트폰만 보거든. 이제 스마트폰 사용을 좀 줄여 볼까 해.

두루: 그런데 스마트폰으로 공부나 일을 하는 사람도 많잖아. 스마트폰 사용이 항상 시간 낭비는 아니야.

수민: 맞아. 엄마는 "스마트폰 볼 시간 있으면 책 좀 읽어"라고 하시는데, 난 스마트폰으로 책을 읽거든.

준배: 그런 사람도 있겠네. 그래도 스마트폰을 너무 많이 보면 목과 허리가 안 좋아지는 건 사실이지.

Answer:

Section IV - Dictation

대화를 잘 듣고 밑줄 친 부분을 채우세요. 대화는 두 번 들려 드립니다.

Listen carefully and fill in the blanks. The dialogue will be played twice.

주연: 저희 호주 다녀온 게 벌써 3년 전이에요.

경은: 벌써 그렇게 지났어요? 우와, 17. ＿＿＿＿＿＿＿＿＿＿＿＿＿＿＿＿＿ 모르겠네요.

주연: 시간을 되돌릴 수 있으면 좋겠어요. 호주 진짜 좋았는데...

경은: 저도 호주로 또 여행 가고 싶은데 18. ＿＿＿＿＿＿＿＿＿＿＿＿＿＿.

Section V - Speaking Practice

Section IV의 대화를 한두 문장씩 들려 드리고, 긴 문장은 나누어서 들려 드립니다.
잘 듣고 따라 하세요. 완전한 대화문은 Answer Key에서 확인할 수 있습니다.

A native speaker will read the dialogue from Section IV one or two sentences at a time. If a sentence is too long, it may be split into two or three parts. Listen and repeat after each part. You can check out the complete dialogue in the Answer Key at the back of the book.

Vocabulary

고등학교	high school	프랑스	France	10대	teens, teenager	허리	waist, back
지나다	to pass, to go by	얼른	quickly, soon	20대	people in their 20s	소중하다	to be precious
보통	usually	답장	reply	평균	average	줄이다	to lessen, to decrease
주로	mostly, mainly	최근	the latest	평일	weekday		
시즌	season	여러분	everyone	-과	and, with	출퇴근하다	to commute
엄청	very, much	스마트폰	smartphone				

Lesson 27. -더니
And now, But now

Section I - Fill in the Blank

그림을 잘 보고 밑줄 친 부분에 들어갈 알맞은 말을 고르세요.

Look carefully at the drawings and choose the appropriate expression for the blank.

1. 한나 씨가 전에는 밥을 잘 안 먹더니 요즘은

   〰〰〰〰〰〰〰〰〰〰〰〰〰

   a. 밥을 잘 먹어요.

   b. 밥을 더 안 먹어요.

   c. 밥을 안 좋아해요.

2. 지난주에는 여름처럼 날씨가 덥더니 이번 주에는

   〰〰〰〰〰〰〰〰〰〰〰〰〰

   a. 봄처럼 따뜻하네요.

   b. 여름처럼 뜨겁네요.

   c. 겨울처럼 춥네요.

3. 아빠가 갑자기 밖에 나가시더니 아이스크림을

   〰〰〰〰〰〰〰〰〰〰〰〰〰

   a. 사 오셨어요.

   b. 사 오실 것 같아요.

   c. 사 오시려나 봐요.

4. 제가 수박을 먹어 본 적이 없다고 했더니 사람들이
   깜짝 _____

   a. 놀랐다면서요?

   b. 놀랄 수도 있어요.

   c. 놀라더라고요.

5. 소희가 요즘 운동을 열심히 하더니

   _____

   a. 몸이 좋아질 거예요.

   b. 몸이 좋아졌네요.

   c. 몸이 좋아지게 되어 있어요.

6. 어제 매운 떡볶이를 많이 먹었더니

   _____

   a. 계속 배가 아파요.

   b. 오늘도 또 먹고 싶어요.

   c. 병원에 가기 싫어요.

Section II - Reading Comprehension

다음은 기사 제목들입니다. 잘 읽고 문제를 풀어 보세요.

The following is a series of headline articles. Read each carefully and answer the questions.

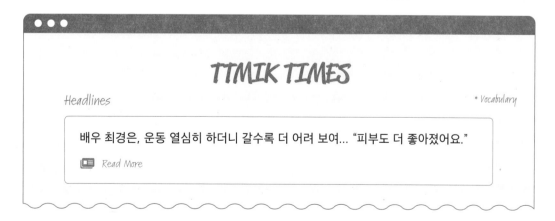

TTMIK TIMES

Headlines   * Vocabulary

배우 최경은, 운동 열심히 하더니 갈수록 더 어려 보여... "피부도 더 좋아졌어요."

📰 Read More

축구 선수 문준배, 올림픽 다녀오더니... 미국과의 경기에서 네 골 넣었다

📰 *Read More*

가수 한보람, 매일 영어 공부하더니 이젠 프랑스어도 공부한다고? "하면 되더라고요."

📰 *Read More*

TTMIK 책으로 공부한 학생들, "제가 TTMIK 책으로 ___㉠___ 한국어 실력이 많이 늘었어요."

📰 *Read More*

"'펑' 소리가 ___㉡___ 갑자기 검은 연기가 났어요" 서울역에서 이유를 알 수 없는 화재

📰 *Read More*

핸드폰 빌려 달라고 하더니 핸드폰 가지고 도망가... 비슷한 범죄 점점 많아지고 있다

📰 *Read More*

골 = *goal*
화재 = *fire, conflagration*

7. Choose the statement that is correct according to the headlines.

    a. 최경은은 운동을 열심히 해서 축구 실력이 좋아졌다.

    b. 문준배는 올림픽에 다녀온 다음에 미국과의 경기에 나갔다.

    c. 한보람은 프랑스에 다녀오더니 프랑스어를 잘하게 되었다.

    d. None of the above is correct.

8. Choose the forms that fit best in the blanks.

    a. ㉠ 공부하더니 ㉡ 나더니   b. ㉠ 공부하더니 ㉡ 났더니

    c. ㉠ 공부했더니 ㉡ 나더니   d. ㉠ 공부했더니 ㉡ 났더니

Section III - Listening Comprehension

대화를 잘 듣고 문제를 풀어 보세요. 대화는 두 번 들려 드립니다.

Listen to the conversation and answer the following questions. The conversation will be played twice.

9. Choose the statement that is incorrect according to the conversation.

    a. 여자는 전에도 물건을 잃어버린 적이 있다.

    b. 여자는 장갑을 가방 안에 넣었었다.

    c. 남자는 여자에게 남자의 장갑을 빌려주었다.

    d. 남자는 여자의 장갑을 찾는 것을 도와주었다.

10. Write the name(s) of the people who understood the conversation correctly.

> 은정: 여자가 평소에 물건을 자주 잃어버리나 봐.
>
> 희주: 여자가 오늘 겉옷을 안 가져왔나 봐.
>
> 석진: 여자가 가방을 잃어버린 적이 있나 봐.
>
> 다혜: 누가 여자의 장갑을 가지고 갔나 봐.

Answer: _____

Section IV - Dictation

대화를 잘 듣고 밑줄 친 부분을 채우세요. 대화는 두 번 들려 드립니다.

Listen carefully and fill in the blanks. The dialogue will be played twice.

희주: 예지 씨, 어디 아파요?

예지: 아침에는 ^{11.} _____,

    오후 되니까 온몸에 열이 나네요.

희주: 몸살감기 아니에요? 저 감기약 있는데, 줄까요?

예지: 아니에요. 괜찮아요. 아까 ^{12.} _____

    조금 나아지고 있는 것 같아요.

Section V - Speaking Practice

Section IV의 대화를 한두 문장씩 들려 드리고, 긴 문장은 나누어서 들려 드립니다.
잘 듣고 따라 하세요. 완전한 대화문은 Answer Key에서 확인할 수 있습니다.

A native speaker will read the dialogue from Section IV one or two sentences at a time. If a sentence is too long, it may be split into two or three parts. Listen and repeat after each part. You can check out the complete dialogue in the Answer Key at the back of the book.

Vocabulary

여름	summer	검다	to be black	바뀌다	to change	온몸	whole body
봄	spring	연기	smoke	겉옷	outer clothing	열	fever
깜짝	with surprise	화재	fire, conflagration	안경	glasses	몸살감기	a bad cold
피부	skin	범죄	crime	안쪽	the inside, the inner part	감기약	cold medicine
-과	and, with	점점	more and more			약	medicine
골	goal	엄청	very, much	주머니	pocket		

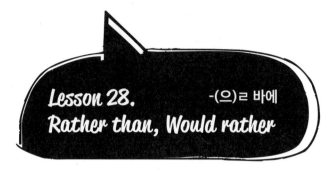

Lesson 28.
Rather than, Would rather
-(으)ㄹ 바에

Section I - Complete the Dialogue

표현 상자에서 가장 알맞은 표현을 골라서 대화를 완성하세요.

Complete each dialogue using the most appropriate expression from the Expression Box.

Expression Box
표현 상자

- 상처를 받을 바에야
- 이렇게 걱정할 바에야
- 어차피 살 바에는
- 이왕 지각할 바에
- 밥을 먹을 바에는
- 차라리 밥을 드세요.
- 살이 찌는 게 낫죠.
- 손에 들고 있는 게 낫죠.
- 혼자 사는 게 낫죠.
- 결혼을 하는 게 낫죠.

---

1. A: 저는 살 빼는 중이라서 요즘 밥을 안 먹고 있어요.

    B: 그럼 손에 들고 있는 그건 뭐예요?

    A: 이거요? 아이스크림인데요.

    B: 네? 아이스크림을 먹을 바에는 _____

2. A: 저 아까 친구한테 말실수한 것 같아요. 어떡하죠?

    B: 친구한테 사과는 했어요?

    A: 아니요. 친구가 상처받았을 것 같아요.

    B: _____ 얼른 친구한테 가서 사과부터 하는 게 좋을 것 같은데요.

3. A: 은정 씨는 나중에 결혼하고 싶어요?

    B: 사랑하는 사람이 생기면 결혼하고 싶어요.

    A: 사랑하는 사람이 안 생기면 어떡해요?

    B: 사랑하지도 않는 사람이랑 결혼할 바에야 _____

4. A: 제가 핸드폰을 바꾸려고 하는데, 어떤 핸드폰으로 바꿀까요?

   B: 글쎄요. 어떤 핸드폰이 마음에 들어요?

   A: 이 핸드폰이 마음에 드는데, 저 핸드폰이 더 싸서 고민돼요.

   B: _____ 마음에 드는 걸로 사세요.

5. A: 너 학교에 안 늦었어?

   B: 늦었죠. 벌써 9시잖아요.

   A: 그런데 왜 빨리 학교 안 가고 앉아서 밥을 먹고 있어?

   B: _____ 밥 먹고 가려고요.

Section II - Comprehension

밑줄 친 문장의 뜻으로 맞지 않는 것을 고르세요.

Choose the answer that does not have the same meaning as the underlined sentence.

6. 한나: 아, 수학 숙제 해야 되는데 너무 하기 싫어. 밤에 할까?

   두루: 어차피 해야 할 바에는 그냥 빨리 끝내고 쉬는 게 낫지.

   한나: 얼마나 걸릴까?

   두루: 한 시간이면 다 끝낼 수 있지 않을까?

   a. 숙제는 어차피 해야 하는 거니까 빨리 하면 더 좋다.

   b. 숙제를 할 바에는 그냥 쉬는 게 더 좋다.

   c. 숙제를 할 거면 빨리 하고 쉬는 게 더 좋다.

7. 승완: 예지야, 내가 김치찌개 만들었는데 오늘 저녁에 한번 먹어 볼래?

   예지: 아니, 안 먹을래. 너 요리 진짜 못하잖아.

   승완: 나 요리 연습 많이 했어! 한 번만 먹어 봐.

   예지: 네가 만든 음식을 먹을 바에는 차라리 아무것도 안 먹는 게 낫지.

   a. 승완이 만든 음식은 맛이 없을 것이다.

   b. 오늘 저녁에는 아무것도 안 먹을 것이다.

   c. 승완이 만든 음식을 먹는 것보다는 저녁을 안 먹는 것이 낫다.

8. 소희: 수민 씨, 우리 이번 주 금요일에 회의하는 거 맞죠?

   수민: 네, 근데 경은 씨가 그날 휴가여서 우리끼리 회의해야 될 것 같아요.

   소희: 네? 우리 둘이 회의할 바에야 회의 날짜를 바꾸는 게 좋을 것 같아요.

   수민: 그렇죠? 그럼 다음 주는 언제 시간 돼요?

   a. 다 같이 모일 수 없으면 다른 날 모이는 게 낫다.

   b. 둘이 회의하는 것보다 경은과 같이 회의하는 게 낫다.

   c. 다 같이 모일 바에는 회의 날짜를 바꾸는 게 낫다.

9. 보람: 경화 씨는 여행을 보통 혼자 다니네요?

   경화: 네. 친구랑 여행 스타일 안 맞춰도 되고, 제가 하고 싶은 대로 여행할 수 있잖아요.

   보람: 맞아요. 친구랑 휴가 날짜 맞추기도 쉽지 않죠.

   경화: 맞아요. 그럴 바에는 혼자 가는 게 편하더라고요.

   a. 친구랑 갈 바에는 여행을 안 가는 것이 낫다.

   b. 친구랑 같이 여행 가는 것보다 혼자 가는 것이 낫다.

   c. 친구랑 휴가 맞추기가 쉽지 않다.

10. 연우: 피곤해 보여.

    경은: 최근에 새로운 일을 시작했는데, 너무 힘들어.

    연우: 너무 열심히 하지 말고 쉬어 가면서 해.

    경은: 아니야. 이왕 할 바에 열심히 하고 싶어.

    a. 새로운 일이니까 열심히 하고 싶다.

    b. 이왕 시작한 일이니까 열심히 하고 싶다.

    c. 어차피 해야 하니까 열심히 하고 싶다.

Section III - Listening Comprehension

대화를 잘 듣고 문제를 풀어 보세요. 대화는 두 번 들려 드립니다.

Listen to the conversation and answer the following questions. The conversation will be played twice.

11. What is the man concerned about?

    a. 이사   b. 소파   c. 새집

12. Choose the statement that is correct according to the dialogue.

    a. 남자는 1년 후에 이사를 가려고 한다.

    b. 여자는 새 소파를 사려고 한다.

    c. 남자는 얼마 전에 새집으로 이사했다.

13. After the conversation, what will the man buy? Write down the answer in Korean.

Answer: ⁓⁓⁓⁓⁓⁓⁓⁓⁓⁓⁓⁓⁓

Section IV - Dictation

대화를 잘 듣고 밑줄 친 부분을 채우세요. 대화는 두 번 들려 드립니다.

Listen carefully and fill in the blanks. The dialogue will be played twice.

다혜: 키가 작아서 무대가 안 보여요.

현우: 이쪽으로 와요. 거기 서서 힘들게 14. _____ 아예 맨 뒤로 오는 게
    15. _____ ?

다혜: 네? 거기서 16. _____ 차라리 저기 좌석에 앉는 게 17. ⁓⁓⁓⁓⁓⁓⁓ .

Section V - Speaking Practice

Section IV의 대화를 한두 문장씩 들려 드리고, 긴 문장은 나누어서 들려 드립니다.
잘 듣고 따라 하세요. 완전한 대화문은 Answer Key에서 확인할 수 있습니다.

A native speaker will read the dialogue from Section IV one or two sentences at a time. If a sentence is too long, it may be split into two or three parts. Listen and repeat after each part. You can check out the complete dialogue in the Answer Key at the back of the book.

Vocabulary

말실수하다	to make a slip of the tongue, to misspeak	얼른	quickly, soon	그날	that day	새롭다	to be new, to be fresh
		글쎄요	well, let me see	스타일	style		
사과	apology	회의하다	to have a meeting, to discuss together	최근	the latest	새집	new house, a house newly moved into
상처	wound, scar						

Lesson 29.
Advanced Situational Expressions 13
차가 막힐 때 (When The Traffic Is Bad)

Section I - Complete the Dialogue

표현 상자에서 알맞은 표현을 골라서 그림 속 말풍선에 어울리는 문장을 완성하세요.

Complete the sentence for each speech balloon by choosing the most appropriate expression from the Expression Box.

Expression Box
표현 상자

- 보통 이 시간대에는 차가 안 막히는데
- 이쪽 길은 많이 막히는 것 같으니까
- 지하철 타고 가는 게 편해서
- 차가 더 많이 막히는 시간이라서
- 서울에서는 출퇴근 시간에 운전하면
- 차가 하나도 안 막혀서 빨리 왔어요
- 어제 여기 지나가는 데에 한 시간 걸렸어요
- 차가 너무 막히길래 오늘은 차를 두고 나왔어요
- 차가 심하게 막혀서 20분 정도 늦을 것 같아요
- 택시를 타는 게 좋을 거 같아요

1. A: 〜〜〜〜〜〜〜〜〜〜〜〜〜〜〜〜〜〜〜〜〜 오늘은 좀 많이 막히네요.

  B: 아니에요. 여기는 출퇴근 시간대가 아니어도 항상 막히더라고요.

2. A: 네, 여보세요? 저 지금 가고 있는데요, 〜〜〜〜〜〜〜〜〜〜〜〜〜〜〜〜〜〜

3. A: 저 퇴근할 때 버스 타려고 했는데 버스 타면 안 되겠네요.

  B: 그때는 〜〜〜〜〜〜〜〜〜〜〜〜〜〜〜 지하철 타고 가는 게 빠를 거예요.

4. A: 오늘 차 가져왔으면 큰일 날 뻔했네요.

  B: 맞아요. 저도 여기 올 때마다 〜〜〜〜〜〜〜〜〜〜〜〜〜〜〜〜〜〜〜.

5. A: 〜〜〜〜〜〜〜〜〜〜〜〜〜〜〜 다른 길로 갈게요.

  B: 네, 오늘 차가 정말 많이 막히네요.

Section II - Reading Comprehension

다음은 뉴스 기사의 일부입니다. 잘 읽고 문제를 풀어 보세요.

The following is an excerpt from a news article. Read the excerpt carefully and answer the questions.

TTMIK TIMES
추석 연휴, 하루에 427만 명 이동... "갈 때보다 올 때가 더 막힐 것"

추석 연휴 동안 고속 도로에서는 차가 아주 많이 막힐 것으로 예상된다. 한국교통방송의 통계를 보면 추석 연휴 3일 동안 하루 평균 427만 명이 고속 도로를 이용할 것이고, 추석 날에는 가장 많은 사람들이 이동할 것으로 보인다.

이번 추석 연휴에는 지난 추석 연휴보다 차가 더 막힐 것으로 예상된다. 특히 고향으로 갈 때보다 서울로 돌아올 때 더 많이 막힐 것으로 보인다. 차가 막히지 않을 때는 서울에서 부산까지 4시간 30분 정도가 걸리는데, 이번 추석 연휴 동안에는 5시간 30분이 걸리고, 부산에서 서울로 돌아올 때는 8시간이 걸릴 것으로 예상된다.

김소희 (sohee***@ttmiktimes.com)

* Vocabulary

추석 = Chuseok, Korean Thanksgiving Day   예상되다 = to be expected
한국교통방송 = Korea Traffic Broadcasting Network   통계 = statistics

6. What you can find out from the article?

   a. 지난 추석 연휴에는 차가 전혀 막히지 않았다.

   b. 서울에서 부산으로 가는 길은 항상 차가 막힌다.

   c. 이번 추석 연휴에는 부산에서 서울로 돌아오는 길이 특히 막힐 예정이다.

   d. 지난 추석 연휴에는 서울에서 부산으로 가는 길이 특히 많이 막혔다.

7. Write down the name of the person who misunderstood the article.

지나: 차만 안 막히면 서울에서 부산까지 4시간 30분 안에 갈 수 있는 거리네.

소희: 이번 추석 연휴 때 서울에서 부산까지 가려면 차 막히는 거 각오해야 되겠네.

경화: 보통 부산 가는 길은 차가 안 막히니까 추석 연휴에도 괜찮다고 하네.

다혜: 추석 연휴 때 차가 많이 막힌다고 하니까 나는 차 두고 가야겠다. 기차 타는 게 낫겠어.

Answer:

Section III - Listening Comprehension

교통 방송을 잘 듣고 문제를 풀어 보세요. 방송은 두 번 들려 드립니다.

Listen to the traffic report and answer the following questions. The report will be played twice.

* 강남 = Gangnam, a district south of the Han River

8. What is the main purpose of this traffic report?

   a. 차가 막히는 길을 알려 주기   b. 교통사고 난 곳 알려 주기

   c. 차가 막히는 시간대를 알려 주기   d. 퇴근 시간 알려 주기

9. Choose the person who does <u>not</u> seem to be speaking after listening to the traffic report.

   a. 경화: 남산에서 강남 가는 길은 항상 막혀. 나 어제 거기 지나가는 데 한 시간 걸렸어.

   b. 지나: 홍대입구역에서 신촌역 가는 길은 보통 이 시간대에 많이 막히는구나.

   c. 소희: 홍대입구역에서 신촌역 가는 길은 지금 막히는 것 같으니까 다른 길로 가야겠다.

   d. 다혜: 벌써 퇴근 시간이 가까워졌네. 조금 있으면 차 엄청 막히겠다.

Section IV - Dictation

대화를 잘 듣고 밑줄 친 부분을 채우세요. 대화는 두 번 들려 드립니다.

Listen carefully and fill in the blanks. The dialogue will be played twice.

석진: 오늘 차가 많이 막히네요.

현우: 서울에서는 출퇴근 시간에 운전하면 차 막히는 거 10. _____.

석진: 아무리 그래도 이건 좀 심한 것 같아요. 차만 안 막히면 10분 안에 갈 수 있는

   11. _____.

현우: 저 어제도 여기 지나가는 데에 한 시간 12. _____.

Section V - Speaking Practice

Section IV의 대화를 한두 문장씩 들려 드리고, 긴 문장은 나누어서 들려 드립니다.
잘 듣고 따라 하세요. 완전한 대화문은 Answer Key에서 확인할 수 있습니다.

A native speaker will read the dialogue from Section IV one or two sentences at a time. If a sentence
is too long, it may be split into two or three parts. Listen and repeat after each part. You can check
out the complete dialogue in the Answer Key at the back of the book.

Vocabulary

여보세요	(on the phone) Hello?	고속 도로	highway	이동하다	to move	시내	downtown
추석	Chuseok, Korean Thanksgiving Day	예상되다	to be expected	지난	last, past	강남	Gangnam, a district south of the Han River
		한국교통방송	Korea Traffic Broadcasting Network	고향	hometown		
연휴	long weekend, holiday			특히	especially	점점	more and more, gradually
		통계	statistics	교통	traffic		
이동	movement, migration	평균	average	방송	broadcasting	교통사고	car accident
						엄청	very, much

Section I - Complete the Dialogue

그림 힌트를 보고 A와 B 표현 상자에서 알맞은 표현을 골라 대화를 완성하세요.

Look at the drawing and complete the dialogue by choosing one appropriate expression from box A and one from box B.

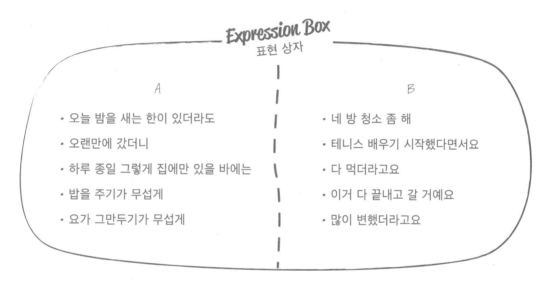

Expression Box
표현 상자

A	B
• 오늘 밤을 새는 한이 있더라도	• 네 방 청소 좀 해
• 오랜만에 갔더니	• 테니스 배우기 시작했다면서요
• 하루 종일 그렇게 집에만 있을 바에는	• 다 먹더라고요
• 밥을 주기가 무섭게	• 이거 다 끝내고 갈 거예요
• 요가 그만두기가 무섭게	• 많이 변했더라고요

I. A: ~~~~~~

~~~~~~~~~~~~~~~~~~~~~~~~~~~~~~~~~~~ !

B: 나중에 할게요.

2. A: 강아지한테 밥 줬어요?

   B: 네. 강아지가 엄청 배고팠나 봐요.

   ~~~~~~
   ~~~~~~

3. A: 집에 안 가요?

   B: ~~~~~~~~~~~~~~~~~~~~~~~~~~~~~~~~~~~~~
   ~~~~~~

4. A: 어제 오랜만에 학교 갔다면서요? 어땠어요?

   B: ~~~~~~~~~~~~~~~~~~~~~~~~~~~~~~~~~~~~~
   ~~~~~~~~~~~~~~~~~~~~~~~~~~~~~~~~~~~~~?

5. A: 경화 씨는 ~~~~~~~~~~~~~~~~~~~~~~~~~~
   ~~~~~~~~~~~~~~~~~~~~~~~~~~~~~~~~~~~~~~~

   B: 맞아요. 좀 쉬는 줄 알았더니 바로 또 운동 시작했더
      라고요.

다음 전단지를 잘 읽고 문제를 풀어 보세요.

Read the leaflet carefully and answer the questions.

TTMIK 샌드위치

야채 샌드위치	8,000원
치즈 샌드위치	9,000원
참치 샌드위치	9,000원
사과 샌드위치	6,000원
콜라, 사이다	2,000원
우유	2,000원

* 음료만 주문할 수 없습니다. 이해 부탁드립니다.

매일 신선한 재료로 준비합니다.

10개 이상 주문하시는 분 환영합니다.
(학교, 회사, 학원에서 다 같이 식사할 때 좋습니다.)

평일: 오전 6시 ~ 오후 6시
주말: 오전 8시 ~ 오후 4시

빠르게 배달해 드리겠습니다.
주문 전화: 02-****-0633

* Vocabulary
환영하다 = to welcome

6. Choose the statement that is correct according to the leaflet.

    a. 샌드위치는 두 개 이상 주문해야 한다.

    b. 샌드위치를 주문하지 않고 음료만 주문해도 된다.

    c. 치즈 샌드위치보다 사과 샌드위치가 더 싸다.

    d. 샌드위치를 한 번에 10개 이상 주문하면 안 된다.

7. Write down the name(s) of the people who do not seem to order a sandwich.

> 준배: 샌드위치가 8,000원이라고? 샌드위치를 저 가격에 먹을 바에야 내가 직접 만드는 게
> 낫겠다.
>
> 수민: 그런데 이 집 샌드위치가 그렇게 맛있다잖아. 가게 문 열기가 무섭게 다 팔렸다던데?
>
> 희주: 샌드위치가 맛있어 봤자지. 난 내가 요리할 줄 모르는 음식이 아닌 이상, 밖에서 안 사 먹어.
>
> 연우: 그래도 난 한번 먹어 볼래. 이 집 샌드위치는 다른 집 샌드위치랑은 확실히 다르대.

Answer: _____

Section III - Listening Comprehension

대화를 잘 듣고 문제를 풀어 보세요. 대화는 두 번 들려 드립니다.

Listen to the conversation and answer the following questions. The conversation will be played twice.

8. What is the woman's problem?

    a. 배가 고파서 잠을 못 잔다.

    b. 고양이가 밤마다 깨운다.

    c. 바빠서 운동할 시간이 없다.

    d. 일찍 일어나기가 힘들다.

9. Choose the statement that is incorrect according to the dialogue.

    a. 여자는 고양이랑 시간을 보내느라고 새벽 두 시까지 안 잔다.

    b. 여자는 고양이가 울어서 자다가 깬 적이 많다.

    c. 여자는 고양이를 무시하고 그냥 자 본 적이 있다.

    d. 여자는 새벽 네 시에 일어나서 운동을 하고 싶지 않다.

10. What did the man not suggest to the woman?

    a. 고양이가 울어도 무시하고 자기

    b. 잘 때 방문을 닫고 자기

    c. 새벽에 일어나서 운동하기

    d. 고양이 밥 주는 기계 사기

Section IV - Dictation

대화를 잘 듣고 밑줄 친 부분을 채우세요. 대화는 두 번 들려 드립니다.

Listen carefully and fill in the blanks. The dialogue will be played twice.

석진: 경화 씨, 그 마술 쇼 티켓 벌써 매진됐다면서요?

경화: 네, 판매 11. _____ 다 팔렸다더라고요. 너무 가고 싶었는데...

석진: 그 마술사 인기가 12. _____ 정말이네요.

경화: 다음에는 제일 비싼 자리를 예매하는 13. _____ 꼭 갈 거예요.

Section V - Speaking Practice

Section IV의 대화를 한두 문장씩 들려 드리고, 긴 문장은 나누어서 들려 드립니다. 잘 듣고 따라 하세요. 완전한 대화문은 Answer Key에서 확인할 수 있습니다.

A native speaker will read the dialogue from Section IV one or two sentences at a time. If a sentence is too long, it may be split into two or three parts. Listen and repeat after each part. You can check out the complete dialogue in the Answer Key at the back of the book.

Vocabulary

하루 종일	all day long	음료	beverage	새벽	dawn	판매	sale
엄청	very, much	신선하다	to be fresh	막	just	마술사	magician
샌드위치	sandwich	재료	ingredient	방문	room door	자리	seat
야채	vegetable	환영하다	to welcome	마술 쇼	magic show	예매하다	to reserve (tickets)
사이다	Sprite, lemon-lime soda	평일	weekday	티켓	ticket		
		달다	to give (me)	매진되다	to be sold out		

Answer Key
for
TTMIK
Workbook
Level 9

Lesson 1

Section I - Complete the Dialogue

1. a   2. c

3. c   4. a

5. b   6. a

7. a   8. c

9. b   10. b

Section II - Reading Comprehension

<Translation>

A long time ago, families had a lot of children. Since there were a lot of children, they would make a lot of food at once and all the family members would eat together. Therefore, Korean mothers are very generous when they cook. My grandmother said that she found it hard to cook a lot of food at first. She was already not good at doing things with her hands, and because she had to cook a lot she found it really hard. However, she has since become accustomed to cooking a lot of food, so now she finds it hard to cook only a small amount. My grandmother is elderly now, so she has stopped cooking, but I heard that in the past, when she cooked, all the people in town came and ate together.

11. a   12. b

Section III - Listening Comprehension

<Transcript>

제가 제일 좋아하는 영화는 액션 영화 <티티믹>이에요. 이 영화의 주인공 석준은 킬러인데요. 석준은 어느 날 한 여자를 만나서 사랑하게 되고, 그 여자 때문에 범죄에서 손을 씻어요. 그런데 어떤 사건 때문에, 나쁜 사람들에게 다시 쫓기게 돼요. 그래서 이 영화에는 쫓고 쫓기는 장면이 정말 많이 나와요. 정말 손에 땀을 쥐게 하는 영화예요. 꼭 한번 보세요! 제가 정말 추천합니다.

My favorite movie is the action movie *TTMIK*. The main character of the movie, Sukjun, is a hitman. One day, Sukjun meets a woman and winds up falling in love with her, and because of her, quits his life of crime. However, because of a certain incident, Sukjun ends up being changed by bad people again. Therefore, there are a lot of scenes where someone is either chasing or being chased. It is a really thrilling movie. You should really watch it! I highly recommend it.

13. c   14. a

Section IV - Dictation

15. 빨리 끝내야 된다니까 왜 손 놓고 있어

16. 지금 아무것도 손에 안 잡혀

17. 손이 닳도록 빌어야 될 것 같아

Section V - Speaking Practice

주연: 예지야, 우리 과제 빨리 끝내야 된다니까

[예지야, 우리 과제 빨리 끈내야된다니까]

왜 손 놓고 있어.

[왜 손노코이써.]

예지: 사실 오늘 아침에 엄마랑 싸워서

[사실 오느라치메 엄마랑 싸워서]

지금 아무것도 손에 안 잡혀.

[지금 아무걷또 소네 안자펴.]

주연: 그랬구나.

[그랟꾸나.]

그럼 그렇게 걱정만 하지 말고

[그럼 그러케 걱쩡만 하지말고]

어머니께 빨리 사과드려.

[어머니께 빨리 사과드려.]

예지: 응, 집에 가자마자 손이 닳도록 빌어야 될 것 같아.

[응, 지베 가자마자 소니 달토록 비러야 될껀 가타.]

Jooyeon: Yeji, we have to hurry up and finish our project. Why did you stop working?

Yeji: Actually, this morning I got into a fight with my

mom so I can't concentrate on anything.

Jooyeon: I see. Well, then don't just sit there worrying, hurry up and apologize to your mom.

Yeji: Yeah, as soon as I get home I think I need to beg for forgiveness.

Lesson 2

Section I - Comprehension

1. 말해 버렸어요   2. 가 버렸어요

3. 잃어버렸어요   4. 끝나 버렸어요

5. 꺼져 버렸어요   6. 잊어버렸어요

7. 지워 버렸어요   8. 끝내 버렸어요

9. 떨어져 버렸어요   10. 지나쳐 버렸어요

Section II - Complete the Dialogue

11. a   12. c   13. c   14. b   15. b

Section III - Listening Comprehension

<Transcript>

갑자기 살이 많이 쪄 버렸다고요? 살을 빼고 싶으시다고요? 그렇다면 이 방송을 꼭 보세요. 톡톡차를 마시면, 살이 다 빠져 버릴 거예요.

살 걱정은 이제 그만! 구천구백 원으로 걱정을 날려 버리세요!

Are you saying you gained a lot of weight in a short time? Are you saying you want to lose weight? If so, pay attention to this show. If you drink TalkTalk tea, all your fat will disappear completely.

Stop worrying about your fat! With 9,900 won, blow away your worries!

16. c   17. a

Section IV - Dictation

18. 어디에서 잃어버렸어요

19. 그냥 지나쳐 버린 것 같아요

Section V - Speaking Practice

지나: 저 남편이 사 준 목걸이를 잃어버렸어요.

[저 남펴니 사준 목꺼리를 이러버려써요.]

주연: 정말요? 그거 지나 씨가 진짜 아꼈던 목걸이잖아요.

[정마료?* 그거 지나 씨가 아꼍떤 목꺼리자나요.]

어디에서 잃어버렸어요?

[어디에서 이러버려써요?]

지나: 모르겠어요.

[모르게써요.]

어딘가에 떨어졌는데

[어딘가에 떠러전는데]

제가 그냥 지나쳐 버린 것 같아요.

[제가 그냥 지나처버린건 가타요.]

주연: 사무실에 있을 수도 있어요. 저랑 같이 찾아 봐요.

[사무시레 이쓸쑤도 이써요. 저랑 가치 차자봐요.]

Jina: I lost the necklace my husband bought for me.

Jooyeon: Really? That necklace was really special to you. Where did you lose it?

Jina: I don't know. It fell off somewhere, and I think I didn't notice.

Jooyeon: It could be in the office. Let's look for it together.

* Native speakers often pronounce 정말요 as [정말료] as well.

Lesson 3

Section I - Complete the Dialogue

1. 그냥 오늘 기분이 안 좋아요.

2. 그럴 기분 아니에요.

3. 오늘은 춤출 기분 아니야.

4. 진짜 열 받는 일 있었어.

5. 저 너무 서운해요.

6. 진짜 어이가 없네.

7. 저 지금 너무 화나는데 참고 있는 거예요.

8. 진짜 속상해요.

Section II - Reading Comprehension

<Translation>

February 14th, 20XX

Something really maddening happened this morning. The thing is, my younger sister ate all the chocolates that I made for my friend last night. I was so upset. Once in the past, She ate all the cake I made, too. It was a cake that I had made to give to my friend as a birthday gift, but she ate all of it, so I was really mad. At the time, she said she was really sorry, and she promised she would never eat my food again. Thus, I believed what she said, but... How can a person be like that? She's been in my room saying sorry for some time now, but I'm not in the mood to accept her apology. This time I really won't accept her apology. I'm so annoyed because of her!

9. c   10. c

Section III - Listening Comprehension

<Transcript>

남자: 오늘은 '내가 기분 나빴을 때'라는 주제로 이야기
할 거예요.

여자: 네, 석진 씨는 최근에 기분 나쁜 일 있었어요?

남자: 저는 기분 나쁜 일이 잘 없는데, 지난주에 진짜
열 받는 일이 있었어요.

여자: 무슨 일이었어요?

남자: 아침에 운전을 하는데 갑자기 옆 차가 계속 빵빵
거리더라고요. 그 사람 때문에 너무 놀라서 사고
가 날 뻔했어요.

여자: 왜 그렇게 빵빵거렸을까요?

남자: 그냥 빨리 가고 싶어서 그런 거였어요. 그리고

그 사람이 창문을 내리고 저한테 막 욕을 하더
라고요.

여자: 어머, 그래서 어떻게 하셨어요?

남자: 기분이 너무 안 좋아서 저도 같이 욕했죠. 진짜 어
이가 없더라고요.

여자: 정말 기분 나쁘셨겠어요.

Man: Today, we are going to talk about the topic "when I was upset".

Woman: Okay, is there something that made you upset recently, Seokjin?

Man: I don't often feel upset, but something really maddening happened last week.

Woman: What was it?

Man: I was driving in the morning, and suddenly the car next to me kept honking. He surprised me so much that I almost got into a car accident.

Woman: Why do you think he honked like that?

Man: It was just because he wanted to go fast. Also, he rolled down his window and cursed at me.

Woman: Oh, man. So, what did you do?

Man: I was really offended, so I cursed back at him. I didn't even know what to say.

Woman: You must've felt really upset.

11. a   12. a

Section IV - Dictation

13. 어이가 없네

14. 사람이 어떻게 그래요

Section V - Speaking Practice

석진: 진짜 어이가 없네.
[진짜 어이가 엄네.]

현우: 왜요? 무슨 일 있었어요?
[왜요? 무슨닐 이써써요?]

석진: 제 돈 빌려 간 친구가 제 전화를 계속 안 받았거든요.
[제 돈 빌려간 친구가 제 전화를 계속 안바닫꺼든뇨*.]
근데 여기 보세요. 이렇게 여행 가서 사진 올렸어요.
[근데 여기보세요. 이러케 여행 가서 사진 올려써요.]

현우: 진짜요? 와, 사람이 어떻게 그래요?

　　　[진짜요? 와, 사라미 어떠케 그래요?]

* 거든요 is supposed to be pronounced as [거드뇨] in theory, but most people pronounce it as [거든뇨].

Seokjin: I seriously can't believe this.

Hyunwoo: Why? What happened?

Seokjin: My friend who borrowed money from me won't pick up the phone when I call. But look at this. He went on vacation and uploaded pictures.

Hyunwoo: Really? Wow, how could he be like that?

Lesson 4

Section I - Comprehension

1. a　　2. b　　3. c　　4. b　　5. c

Section II - Complete the Sentence

6. 수업 중에 너무 졸려서 졸고 말았어요.

= I was so sleepy during class that I ended up dozing off.

7. 지각하지 않으려고 뛰다가 계단에서 넘어지고 말았어요.

= While I was running so that I would not be late, I ended up falling down the stairs.

8. 커피를 사는 동안 제 자리를 뺏기고 말았어요.

= While I was buying coffee, someone ended up stealing my seat/table.

9. 이번 달에 돈이 얼마 없는데 또 옷을 사고 말았어요.

= I don't have much money this month, but I ended up buying clothes again.

10. 제가 소희 씨한테 조심히 들고 가라고 했는데 결국 깨뜨리고 말았어요.

= I told Sohee to carry it carefully, but she ended up breaking it.

Section III - Reading Comprehension

<Translation>

I ended up being fooled by her lies again! I will not be fooled by her anymore.

　　　　　　　From the movie *Do Not Trust Her*

It's now 12 o'clock. Cinderella ran home in a rush. Then she fell down the stairs, and her glass shoe ended up coming off.

　　　　　　　From the book *Cinderella*

Detective Kim, I ended up losing the criminal right in front of me.

If you trust me one more time, I promise I'll catch him and bring him in.

　　　　　　　From the movie *A Crime*

　11. a

Section IV - Listening Comprehension

<Transcript>

남자: 아, 김소희 선수, 또 공을 떨어뜨리고 말았습니다. 오늘 점수가 잘 나오기 어렵겠네요.

여자: 네, 요즘 김소희 선수 손목이 좋지 않아서 자꾸 공을 떨어뜨리는 것 같습니다.

남자: 아, 말씀드리는 순간 또 한 번 공을 놓치고 마는 김소희 선수!

여자: 안타깝습니다. 빨리 치료를 받았으면 좋겠어요.

Man: Ah! The player, Sohee Kim, ended up dropping the ball again. It will be hard to get a good score today.

Woman: Right. These days, her wrists are not in good condition, so she seems to keep dropping the ball.

Man: Oh, while I was talking, Sohee Kim missed the ball once again!

Woman: What a bummer. I hope she gets treat-
ment for her wrists as soon as possible.

12. c   13. b

Section V - Dictation
14. 저도 안 읽으려고 했는데, 읽고 말았어요
15. 금방 그만두고 말 거예요

Section VI - Speaking Practice
예지: 저 유튜브 시작했는데
　　　[저 유튜브 시자캔는데]
　　　악플이 조금씩 달리고 있어요.
　　　[악프리 조금씩 달리고 이써요.]
다혜: 진짜요? 그런 댓글은 읽지 마세요.
　　　[진짜요? 그런 댇끄른 익찌마세요.]
예지: 저도 안 읽으려고 했는데, 읽고 말았어요
　　　[저도 아닐그려고 핸는데, 일꼬마라써요.]
다혜: 안 보는 게 좋아요.
　　　[안보는게 조아요.]
　　　안 그러면 금방 그만두고 말 거예요.
　　　[안그러면 금방 그만두고말꺼예요.]

Yeji: I started YouTube but people started to leave
　　　mean comments.
Da-hye: Really? Don't read those kinds of com-
　　　ments.
Yeji: I wasn't going to read them, but I wound up
　　　reading them anyway.
Da-hye: It's better not to look at them. Otherwise,
　　　you'll end up quitting right away.

Lesson 5

Section I - Complete the Dialogue
1. 망칠까 봐 불안해요
2. 떨어지면 어떡하죠
3. 걱정돼 죽겠어요
4. 큰일이네요
5. 못 들어가면 어떡하죠
6. 안 맞을까 봐 걱정이에요
7. 뭐가 되려고 하는지 걱정이에요
8. 많이 아프면 어떡해요
9. 이미 읽은 책일까 봐 걱정이에요
10. 이미 갖고 있는 책이면 어떡하죠

Section II - Reading Comprehension

<Translation>
This summer, farmers are suffering a lot from
heavy rain. It has already been raining for 17 days,
so farmers are very worried. The rain has stopped
for now, but it is hard for the farmers to stop wor-
rying. A farmer named OOO said, "I'm so anxious.
It's driving me crazy because I don't know when
it will rain again. I'm worried that I might not be
able to sell my vegetables because of the flooding."
Experts are expecting that the price of vegetables
will increase significantly because of the heavy rain.

11. c   12. a

Section III - Listening Comprehension

<Transcript>
남자: 아, 또 빠지네.
여자: 뭐가 빠져요?
남자: 머리를 만질 때마다 머리카락이 계속 빠져요. 점
　　　점 더 많이 빠질까 봐 걱정이에요.
　　　나중에 머리카락이 다 없어지면 어떡하죠?
여자: 너무 걱정하지 마세요. 우리는 아직 젊잖아요.
남자: 이거 봐요! 또 머리카락이 이만큼 빠졌어요. 이
　　　상황에서 어떻게 걱정이 안 돼요?
여자: 어머, 정말 많이 빠지네요. 어떡하면 좋죠?

Man: Oh, it's falling out again.
Woman: What is falling out?

Man: Every time I touch my head, my hair keeps
falling out. I'm worried that more and more
hair might fall out. What if my hair is all gone
later?

Woman: Don't worry too much. We're still young.

Man: Look at this! This amount of hair fell out
again. How can I not worry in this situation?

Woman: Oh, it's really falling out a lot. What should
you do?

13. a   14. c

Section IV - Dictation

15. 불안해 미치겠어요
16. 걱정하지 마세요
17. 불합격하면 어떡하죠

Section V - Speaking Practice

경화: 불안해 미치겠어요.
　　　[부란해 미치게써요.]
　　　오늘 대학원 합격자 발표 날이거든요.
　　　[오늘 대하권 합껵짜 발표나리거든뇨.]

석진: 걱정하지 마세요. 합격할 거예요.
　　　[걱쩡하지마세요. 합껵칼꺼예요.]

경화: 아니에요. 너무 불안해요. 불합격하면 어떡하죠?
　　　[아니에요. 너무 부란해요. 불합껵카면 어떠카조?]

석진: 그럴 리가 없어요. 열심히 했으니까 붙을 거예요.
　　　[그럴 리가 업써요. 열씸히 해쓰니까 부틀꺼예요.]

Kyung-hwa: I'm so anxious, it's making me crazy.
Today is the day they announce grad
school acceptances.

Seokjin: Don't worry. You'll get in.

Kyung-hwa: No. I'm too nervous. What if I don't
get in?

Seokjin: There's no way. You worked really hard,
so you'll get in.

Lesson 6

Section I - Complete the Dialogue

1. 발이 넓을까요? / 발 벗고 나서거든요.
2. 새 발의 피네요.
3. 발 디딜 틈이 없어요.
4. 발로 뛰었죠.
5. 한발 늦었네요.
6. 발이 묶여서
7. 발을 끊어 봐요.

Section II - Reading Comprehension

<Translation>
Are you saying that you are about to buy shares in
company OO? You are one step late. This morning,
OO company's stock prices increased a great deal,
and are now going down. These days, there are
more people who are investing in stocks. In the
stock market, people who move fast are bound to
earn money. Therefore, if you would like to earn
money in the stock market, it is important to have
good information and make quick decisions.

8. c   9. b   10. b   11. c

Section III - Listening Comprehension

<Transcript>
남자: 윤아 씨, 좋은 아침이에요! 그런데 윤아 씨, 좀 피
곤하신 것 같네요?

여자: 네, 도로에 차가 너무 많아서 한 시간 동안 발이
묶여 있었거든요. 그래서 아침부터 지쳤어요.

남자: 한 시간이요? 윤아 씨 집에서 회사까지 원래 십
오 분 걸리지 않아요? 오늘 정말 차가 많았나 보
네요.

여자: 네, 어제 아침에도 길이 막혔었는데 그건 새 발
의 피였어요.

남자: 아침 일찍 출발하면 길이 덜 막힌대요. 그러니까
_____.

Man: Good morning, Yoona! But Yoona, you look a
bit tired, don't you?

Woman: Yes, because I got stuck in traffic for an
hour since there were too many cars on
the road. That's why I'm exhausted this
morning.

Man: For an hour? Doesn't it usually take 15 min-
utes from your house to the office? I guess
there were really a lot of cars today.

Woman: Yes, there were. There was a lot of traffic
yesterday morning as well, but that was just
a drop in the bucket compared to today.

Man: I heard that there is less traffic if you
leave home early in the morning,
so _____.

12. b   13. b

Section IV - Dictation

14. 한 발 늦었네요
15. 발 디딜 틈이 없네요
16. 마음에 안 들어서 발 끊었어요

Section V - Speaking Practice

석진: 아! 한 발 늦었네요. 벌써 식당이 꽉 찼어요.
　　[아! 한발 느전네요. 벌써 식땅이 꽉 차써요.]
경은: 와! 이 식당은 진짜 인기가 많은가 봐요.
　　[와! 이식땅은 진짜 인끼가 마는가봐요.]
　　발 디딜 틈이 없네요.
　　[발 디딜 트미 엄네요.]
석진: 저 건너편 집으로 갈까요?
　　[저 건너편 지브로 갈까요?]
경은: 아, 저기는 바뀐 주인이 마음에 안 들어서 발 끊었어요.
　　[아, 저기는 바뀐 주이니 마으메 안드러서 발 끄너써요.]

Seokjin: Ah! We're one step behind. The restaurant
is already packed.

Kyeong-eun: Wow! I guess this restaurant is really
popular. There's barely room to move.

Seokjin: Should we go to the place across the road?

Kyeong-eun: Ah, I don't like the new owner of that
place so I stopped going there.

Lesson 7

Section I - Fill in the Blank

1. 비범   2. 비회원
3. 비전문적   4. 비협조적
5. 비정상   6. 비주류
7. 비상계단   8. 비공개
9. 시비   10. 비협조적

Section II - Reading Comprehension

<Translation>

TTMIK Travel Agency

DMZ Bike Tour
(DMZ Sightseeing + Lunch + Bus + Bike)
30% Off!

Only TTMIK travel agency members can receive this
discount. Log in after you sign up!

LOG IN
ID　　　:　_____
Password :　_____
Nonmember Login　　Member Login
Forgot your ID/PW?

[Notice]

• You can only take pictures in public areas in the
DMZ.

- Please follow the guide's lead in the DMZ. If you do not follow directions and are being uncooperative, continuing the tour will be difficult.

11. c

Section III - Listening Comprehension

<Transcript>
이번 세계 수영 선수 대회에서, 김지나 선수가 금메달을 땄습니다! 비공식 대회의 성적이지만, 이번 성적으로 김지나 선수의 올림픽 성적에 대한 기대도 높아졌습니다. 어렸을 때부터 비범한 모습을 보였던 김지나 선수는 현재 올림픽을 준비하기 위해서 아주 특별한 훈련을 하고 있다고 하는데요. 김지나 선수의 모든 훈련은 비밀 훈련이기 때문에 비공개로 진행되고 있어서 더 궁금해집니다. 과연 올림픽에서 김지나 선수가 금메달을 딸 수 있을지 정말 기대됩니다. TTMIK 스포츠 뉴스, 최경은이었습니다.

Jina Kim won the gold medal in this world swimming competition. Even though this competition is unofficial, expectations for her future Olympic performance have become high thanks to this win. Jina Kim, who has been a remarkable swimmer since she was young, is said to be partaking in a very special training regimen at the moment in order to prepare for the Olympics. Since her training regimen is secret, it is being done in private, which makes us even more curious. Can she win a gold medal in the Olympics? We are really looking forward to it. This was Kyeong-eun Choi from TTMIK Sports News.

12. a   13. b, c

Section IV - Dictation

14. 그래도 비범한 팀이죠
15. 비인기 종목인 데다가

Section V - Speaking Practice

캐시: 한국 여자 컬링 팀 올림픽에서 금메달 땄죠?
    [한국 여자 컬링 팀 올림피게서 금메달 딴쪼?]
경화: 아니요, 은메달 땄어요. 그래도 비범한 팀이죠.
    [아니요, 은메달 따써요. 그래도 비범한 티미조.]
    컬링은 한국에서 비인기 종목인 데다가
    [컬링은 한구게서 비인끼종모긴데다가]
    비주류 종목이었거든요.
    [비주류종모기얻꺼든뇨.]
캐시: 우와, 대단하네요!
    [우와, 대단하네요!]

Cassie: The Korean women's curling team won the gold medal, right?
Kyung-hwa: No. They got the silver medal. Even so, they're a remarkable team. In Korea, curling was not popular and used to be a fringe event.
Cassie: Wow! That's amazing!

Lesson 8

Section I - Comprehension

1. c   2. b   3. d   4. c   5. c

Section II - Reading Comprehension

<Translation>
Hello!
I am Cassie, and I am studying Korean.
I have a favor to ask of you, teacher Hyunwoo, so I am sending you an email.
I have been learning Korean by myself for three years.
At first, it was very fun because my Korean improved fast, but now my Korean is not really improving. I want to talk about this with my friends, but there is no one around me who is learning Korean.

I understand if it might be a bit difficult, but if I come to Korea, could I possibly meet up with you? If we could meet and talk about my concerns about Korean, I think it would be very helpful.

I will wait for your reply. Thank you.

From Cassie

6. b   7. c   8. 어려운 부탁인 건 알지만

Section III - Listening Comprehension

<Transcript>

여자: 나 부탁이 있어.

남자: 뭔데?

여자: 물 한 병만 가져와 줄 수 있어?

남자: 내가 왜? 네가 가져와.

여자: 어제 운동을 많이 해서 다리가 아파서 그래. 부탁할게.

남자: ...알았어.

여자: 가는 김에 빵도 가져다줄 수 있어?

남자: 너 진짜 짜증 난다.

여자: 오는 길에 거기 있는 책도 가져와 줘.

남자: ...자, 여기.

여자: 앗! 나 물 흘렸어. 휴지 좀 가져다주면 안 될까?

남자: 응, 안 돼.

여자: 제발.

남자: ...야, 여기.

여자: 아, 일어난 김에 불도 좀 꺼 줘.

남자: 제발 부탁이니까 아프면 아무것도 하지 말고 좀 쉬어.

Woman: I have a favor.

Man: What is it?

Woman: Can you bring me a bottle of water?

Man: Why do I have to? You bring it.

Woman: It's because my legs are sore from working out yesterday. Please.

Man: ...Okay.

Woman: Since you are going anyway, can you get me some bread also?

Man: You're so annoying.

Woman: Please bring me that book there, too, on your way.

Man: ...Here.

Woman: Oops! I spilled the water. Can you please bring some tissues?

Man: No, I can't.

Woman: Please.

Man: ...Hey, here.

Woman: Oh, since you stood up anyway, turn off the light, also.

Man: I am asking you to please not do anything if your legs are sore, and get some rest.

9. b   10. c

Section IV - Dictation

11. 혹시

12. 줄 수 있을까요

13. 돌아오는 길에

14. 사다 줄 수 있어요

Section V - Speaking Practice

경은: 현우 씨, 부탁할 게 있는데요.

[혀누씨, 부타칼께 인는데요.]

혹시 전등 좀 갈아 끼워 줄 수 있을까요?

[혹씨 전등 좀 가라 끼워줄쑤 이쓸까요?]

현우: 그럼요. 전등 어디 있어요?

[그럼뇨. 전등 어디 이써요?]

경은: 지금 나가서 사 오려고요.

[지금 나가서 사오려고요.]

현우: 아, 그럼 돌아오는 길에 우유 좀 사다 줄 수 있어요?

[아, 그럼 도라오는기레 우유 좀 사다줄쑤 이써요?]

경은: 네, 그럴게요.

[네, 그럴께요.]

Kyeong-eun: Hyunwoo, I have a favor to ask. Could you possibly change the lightbulb, please?

Hyunwoo: Sure. Where is the lightbulb?

Kyeong-eun: I'm going to go out and buy one now.

Hyunwoo: Ah, in that case, could you buy some milk on your way back?

Kyeong-eun: Sure, I'll do that.

Lesson 9

Section I - Comprehension

1. 믿음   2. 웃음   3. 얼음
4. 졸음   5. 젊음

Section II - Complete the Dialogue

6. c   7. b   8. b   9. a   10. c

Section III - Reading Comprehension

<Translation>

Example 1

MEMO

Snacks in the fridge!

Have them after school.

Mom

Example 2

CAUTION

Watch your step!

The gap

between the platform and the train is wide.

Example 3

TalkTalk Message

"I will go home after dinner tonight!"

"Ok, I got it."

Example 4

NOTICE

No parking!

If you park here, you will be towed.

11. c   12. b

Section IV - Listening Comprehension

<Transcript>

힘들다고 느껴질 때 삶이 무겁게 느껴질 때
누구나 그럴 때가 있-지
그때 이 노래를 들어 봐 춤을 추고 싶어질 거야
힘을 내 넌 할 수 있어
라라라 춤을 춰 봐 라라라 노래해 봐
슬픔은 사라지고 기쁨만 가득할 거야
라라라 춤을 춰 봐 라라라 노래해 봐
눈물은 사라지고 웃음만 가득할 거야

The time you feel tired, the time you feel life is heavy

Everyone has times like that

At those times, listen to this song, you will want to dance

Cheer up, you can do anything

La la la dance la la la sing

Sorrow will vanish, and you will be filled only with joy

La la la dance la la la sing

Tears will disappear and you will be filled only with laughter

13. d   14. c

Section V - Dictation

15. 졸음 쫓으려고요
16. 꿈까지 꿨어요

Section VI - Speaking Practice

경화: 주연 씨, 왜 얼음을 씹어 먹고 있어요?

    [주연 씨, 왜 어르믈 씨버먹꼬이써요?]

주연: 졸음 쫓으려고요.

    [조름 쪼츠려고요.]

경화: 그렇게 졸려요?

    [그러케 졸려요?]

주연: 네, 사실 방금 졸다가 꿈까지 꿨어요.

    [네, 사실 방금 졸다가 꿈까지 꿔써요.]

Kyung-hwa: Jooyeon, why are you chewing on ice?

Jooyeon: To wake myself up.

Kyung-hwa: Are you that sleepy?

Jooyeon: Yes, I actually just nodded off and even had a dream.

Lesson 10

Section I - Comprehension

1. 학생 앞에서 콜라를 마시다가 트림을 해 버렸어요.

2. 라면을 먹다가 라면이 목에 걸려 버렸어요.

    = While I was eating ramyeon, it got stuck in my throat (and I was surprised and not happy about it).

3. 축구를 하다가 실수로 친구 얼굴을 때려 버렸어요.

    = While I was playing soccer, I hit my friend in the face by mistake (and I was surprised and not happy about it).

4. 의자에 앉아서 졸다가 의자에서 떨어지고 말았어요.

    = While I was dozing off sitting in a chair, I ended up falling off the chair.

5. 오늘은 밤늦게까지 공부를 하려고 했는데 너무 졸려서 잠이 들고 말았어요.

    = I was going to study until late at night today, but I ended up falling asleep because I was too sleepy.

6. 오늘은 일 끝나고 집에 일찍 가려고 했는데 또 약속을 잡고 말았어요.

    = I was going to go home early after work today, but I ended up making plans again.

Section II - Reading Comprehension

<Translation>

Please read the following!

⊘ You must arrive at least 10 minutes before the performance starts.

⊘ You cannot enter with another person's ticket.

⊘ You must turn off your mobile phone before the performance starts.

⊘ You cannot bring in food.

⊘ You cannot switch seats while you are watching the performance.

⊘ You cannot take photos during the performance.

⊘ You cannot talk to the people next to you during the performance.

7. c   8. d   9. a

Section III - Listening Comprehension

<Transcript>

오늘은 정말 실수를 많이 한 날이었어요. 아침에 일찍 일어나려고 했는데, 일찍 못 일어났어요. 서둘러서 학교에 가다가 핸드폰도 잃어버렸어요. 학교에서는 숙제 제출 시간을 잘못 알아서 숙제도 제출 못 했고요. 점심 시간에는 자다가 방귀를 뀌어 버렸어요. 청소 시간에는 쓰레기통에 쓰레기를 던지다가 선생님을 맞히고 말았어요. 내일은 실수를 좀 덜 하면 좋겠어요.

Today was a day that I made many mistakes. In the morning, I was going to get up early, but I couldn't get up early. Also, I lost my mobile phone while I was hurrying to school. At school, I had misunderstood the homework deadline, so I couldn't submit my homework. At lunchtime, I accidentally farted while sleeping. During cleaning time, while I was throwing trash into the trash can, I ended up hitting my teacher. I hope I make fewer mistakes tomorrow.

10. d   11. d

Section IV - Dictation

12. 가려고 했는데

13. 문을 잠가 버린 거예요

14. 있다고 해서

Section V - Speaking Practice

주연: 석진 씨, 표정이 왜 그래요? 괜찮아요?

[석찐씨, 표정이 왜그래요? 괜차나요?]

석진: 화장실 가려고 했는데,

[화장실 가려고 핸는데,]

"6시 이후에는 이용할 수 없음"

["여섣씨 이후에는 이용할쑤 업씀"]

이라고 붙어 있었어요.

[이라고 부터이써써요.]

주연: 진짜요?

[진짜요?]

그래서 6시 되자마자

[그래서 여섣씨 되자마자]

화장실 문을 잠가 버린 거예요?

[화장실 무늘 잠가버린거예요?]

석진: 네. 다행히 저쪽에도 화장실이 있다고 해서

[네. 다행히 저쪼게도 화장시리 읻따고 해서]

가 보려고요.

[가보려고요.]

Jooyeon: Seokjin, why are you making that face? Are you okay?

Seok-jin: I was going to go to the restroom, but there's a sign that says "Closed after 6 o'clock."

Jooyeon: Really? So as soon as it's 6 o'clock, they lock the doors?

Seok-jin: Yes. Luckily, they said there's a bathroom over there too, so I'm going to try going over there.

Lesson 11

Section I - Complete the Dialogue

1. c   2. b
3. a   4. b
5. b   6. b
7. c   8. c
9. c   10. b

Section II - Comprehension

11. 마음을 먹다 or 마음먹다

12. 마음에 걸리다

13. 마음이 무겁다

Section III - Fill in the Blank

14. 먹었어요   15. 대로
16. 드는   17. 걸려요
18. 두지   19. 없는
20. 굴뚝   21. 놓이
22. 통하는   23. 무겁

Section IV - Listening Comprehension

<Transcript>

남자: 내일 점심시간에 사람들이랑 이 앞에서 초밥 먹을 건데, 경은 씨도 같이 가실래요?

여자: 저도 같이 가고 싶은 마음은 굴뚝 같은데, 예림 씨가 마음에 걸리네요.

남자: 왜요?

여자: 저는 보통 예림 씨랑 점심 같이 먹는데, 예림 씨는 초밥을 못 먹잖아요.

남자: 아! 보통 예림 씨랑 점심 드시는군요. 예림 씨랑 친하세요?

여자: 네. 마음이 잘 통해서 어릴 때부터 친하게 지낸 친구 같아요.

남자: 그렇군요. 예림 씨랑 친하신 줄 몰랐어요. 마음대로 하세요. 예림 씨랑 같이 드셔도 되고, 아니면 예림 씨한테 물어보실래요? 거기 초밥 말고 다른 것도 팔아요.

여자: 아, 그래요? 그렇다면 마음이 놓이네요. 예림 씨
한테 같이 가자고 말해 볼게요.

Man: Tomorrow at lunchtime, I'm going to eat sushi
with people out front. Do you want to join?

Woman: I'd love to, but Yerim's on my mind.

Man: Why?

Woman: I usually have lunch with Yerim, but she
can't eat sushi.

Man: Ah! You usually have lunch with Yerim. Are
you close with her?

Woman: Yes. We're on the same wavelength, so we
feel like friends who have been close since
we were young.

Man: I see. I didn't know that you were close to
Yerim. Do whatever you want. You can have
lunch with her, or do you want to ask her
about eating together? They sell other things
as well besides sushi.

Woman: Do they? In that case, I feel relieved. Let
me ask her to come with us.

24. a   25. a

Section V - Dictation

26. 계속 마음에 걸려요

27. 마음에 두지 말아요

Section VI - Speaking Practice

경은: 어제 경화 씨가 한 말이 계속 마음에 걸려요.
[어제 경화씨가 한 마리 계속 마으메 걸려요.]

현우: 너무 경 씨 마음대로 한다는 말이요?
[너무 경은씨 마음대로 한다는 마리요?]

경은: 네. 마음이 너무 무겁네요.
[네. 마으미 너무 무검네요.]

현우: 너무 마음에 두지 말아요.
[너무 마으메 두지마라요.]

경화 씨가 어제 화가 많이 나서 그렇게 말했지만
[경화씨가 어제 화가 마니 나서 그러케 말핻찌만]
진심은 아닐 거예요.
[진시믄 아닐꺼예요.]

Kyeong-eun: I keep thinking about what Kyung-hwa
said yesterday.

Hyunwoo: That she said you do things your own way
too often?

Kyeong-eun: Yes. I feel bad about it.

Hyunwoo: Don't think about it too much. Kyung-hwa
was really angry yesterday so she said
that, but she probably didn't mean it.

Lesson 12

Section I - Complete the Dialogue

1. c   2. a

3. a   4. b

5. c   6. b

7. b   8. c

9. d   10. c

Section II - Reading Comprehension

<Transcript>

Many people think bears are cute animals. I think
this is because there are toys like teddy bears, and
there are also many cartoons with cute bears. Also,
in Korea, there are few opportunities to see bears,
so I think that many people do not know that bears
can be dangerous. However, actually, bears can be
dangerous animals. For example, polar bears are
white and pretty, so they look mild, but they are
very fierce animals in addition to being the largest
carnivores living on land. Asiatic black bears in Ko-
rea are small, so they look weak, but they are very
strong and weigh over 100 kilograms. If people get

too close to a bear and are attacked, they could die. We should remember that we have to be very careful.

11. c, d   12. c

Section III - Listening Comprehension

<Transcript>

여자: 나 달라진 거 없어?

남자: 음... 잘 모르겠는데.

여자: 맞혀 봐!

남자: 음... 전보다 키가 작아 보이네. 하하.

여자: 장난하지 말고! 맞혀 봐.

남자: 하하, 알았어. 음... 어제보다 머리가 좀 짧아 보이는데 머리 잘랐어?

여자: 땡! 틀렸어.

남자: 그럼 머리 염색했어?

여자: 머리는 그대로야. 정말 모르겠어?

남자: 아, 입술이 예뻐 보이네! 립스틱 바꿨구나!

여자: 아니, 그게 아니고 나 살 빠졌잖아! 2킬로나 빠졌는데 왜 몰라?

남자: 그걸 어떻게 알아?!

여자: 그걸 어떻게 몰라?!

Woman: Can you tell what is different about me?

Man: Well, I'm not sure.

Woman: Take a guess!

Man: Ummm... You look shorter than before. Haha.

Woman: Don't joke around! Take a guess.

Man: Haha, okay. Well, your hair looks a bit shorter than yesterday. Did you get a haircut?

Woman: Beep! Wrong.

Man: Then, did you dye your hair?

Woman: Nothing's changed with my hair. You really can't tell?

Man: Oh, your lips look beautiful. You've changed your lipstick, right?

Woman: No, that's not it. I've lost some weight!

Come on, I've lost 2 kilograms. How can you not know?

Man: How can I tell that?

Woman: How can you not tell?

13. b

14. 머리는 그대로다. or 아무것도 변하지 않았다.
    (Nothing's changed with her hair.)

Section IV - Dictation

15. 오늘 엄청 피곤해 보여요

16. 재밌어 보였는데 그게 다였어요

Section V - Speaking Practice

경은: 예지 씨, 오늘 엄청 피곤해 보여요.
    [예지씨, 오늘 엄청 피곤해보여요.]

예지: 그래요?
    [그래요?]
    사실은 어제 개봉한 영화 빨리 보고 싶어서
    [사시른 어제 개봉한 영화 빨리 보고시퍼서]
    오늘 새벽에 보고 출근했거든요.
    [오늘 새벼게 보고 출근핻꺼든뇨.]
    그래서 좀 피곤해요.
    [그래서 좀 피곤해요.]

경은: 아, 그랬구나. 영화는 재미있었어요?
    [아, 그랟꾸나. 영화는 재미이써써요?]

예지: 별로 재미없었어요.
    [별로 재미업써써요.]
    예고편만 봤을 때는 재밌어 보였는데
    [예고편만 봐쓸 때는 재미써보연는데]
    그게 다였어요.
    [그게 다여써요.]

Kyeong-eun: Yeji, you look really tired today.

Yeji: Do I? Actually, I really wanted to see a movie that premiered yesterday, so I saw it early in the morning before coming to work. So I'm a bit tired.

Kyeong-eun: Oh, I see. Was the movie good?

Yeji: It wasn't very good. It looked good in the trailer but that was it.

Lesson 13

Section I - Fill in the Blank

1. a   2. c

3. c   4. b

5. a   6. c

7. c   8. a

9. c   10. a

Section II - Reading Comprehension

<Translation>

TalkTalk Electronics' NEW PRODUCT RELEASE!
TalkTalk Subminiature VR Game Device

TalkTalk Electronics,
the best electronics company in Korea,
has released a new product.
It is "Tiny-Tiny MIK",
a subminiature VR game device.

VR game devices so far have been
too big, too heavy, and make you sweat.
They are too uncomfortable, aren't they?

TalkTalk's subminiature VR game device is
even smaller than a pair of glasses!

Have you seen a VR game device that is foldable?

#1 on the "2025 Most Innovative Product" list
chosen by the Korean government!
1.23 million units sold worldwide after its release!

The most units sold in the shortest amount of time
among VR game devices in the world—
a new record!

The Subminiature VR game device,
Tiny-Tiny MIK,
BUY IT NOW!

11. a   12. c   13. d   14. b   15. a

Section III - Listening Comprehension

<Transcript>

여자: 안녕하세요! 선경화입니다. 오늘은 영화 <어느 나라 사람이에요?>의 김석준 감독님을 만나 보겠습니다. 감독님, 안녕하세요?

남자: 네, 안녕하세요! 반갑습니다.

여자: 감독님의 신작 <어느 나라 사람이에요?>가 아주 혁신적인 영화라고 평가되고 있어요. 감독님은 그것에 대해서 어떻게 생각하세요?

남자: 정말 감사하죠.

여자: 영화 <어느 나라 사람이에요?>가 어떤 내용인지 간단하게 소개 부탁드릴게요.

남자: 이 영화는 제 이야기예요. 제가 한국에서 태어나 살다가, 초등학생 때 가족들이랑 미국으로 갔거든요. 그래서 미국에서도 그렇고, 한국에 돌아와서도, 어느 나라 사람이냐는 질문을 많이 들었어요. 이 영화를 보시면 저처럼 한국에서 살다가 어렸을 때 미국으로 건너간 사람들의 삶을 보실 수 있을 거예요. 특히 부모님 세대보다는 저 같은 신세대의 삶이요.

여자: 아, 그렇군요. 소개 감사합니다. 그런데 감독님, 얼마 전에 결혼하셨다고 들었어요. 결혼 축하드립니다.

남자: 하하, 네. 감사합니다.

여자: 신혼 생활은 어떠세요?

남자: 데이트하고 헤어지지 않아도 되고, 집에 같이 갈 수 있으니까 좋더라고요. 그리고 집에서 같이 하는 모든 게 재밌어요. 정말 행복합니다!

여자: 와, 부럽네요. 감독님, 이번 영화 정말 잘되길 바라겠습니다. 다음에 또 뵙겠습니다.

남자: 네, 초대해 주셔서 감사합니다.

Woman: Hello! I'm Kyung-hwa Sun. Today, we're going to meet Sukjun Kim, director of the movie *Where Are You From?* Hello, Director.

Man: Hello! Nice to meet you.

Woman: Your new movie *Where Are You From?* is receiving praise for being a very innovative movie. What do you think about it?

Man: I'm really thankful, of course.

Woman: Please briefly introduce the movie *Where Are You From?*

Man: This movie is my story. I was born and raised in Korea, and I moved to the United States with my family when I was an elementary school student. So, I was asked a lot about where I was from not only when I was in the States but also when I came back to Korea. If you watch this movie, you'll be able to learn about the lives of people who moved to the States when they were young after living in Korea, like me. The movie focuses especially on the lives of the new generation like me, rather than our parents' generation.

Woman: Oh, I see. Thank you for the introduction. By the way, Sukjun, I heard that you got married lately. Congratulations on your marriage.

Man: Haha, yes. Thank you.

Woman: How is your newlywed life?

Man: I really like it because we don't have to part after a date, and we can go home together. And I find all the things we do together at home fun. I'm so happy.

Woman: Wow, I'm jealous. Sukjun, I really hope that your new movie will be successful. I'll see you again next time.

Man: Okay, thank you for having me.

16. F   17. T   18. F   19. F

Section IV - Dictation

20. 그 신인 작가요

21. 판매 기록을 경신하고

Section V - Speaking Practice

현우: 경은 씨, 이거 보세요. 최진영 작가 신간 나왔어요.

[경은씨, 이거 보세요. 최지녕 작까 신간 나와써요.]

경은: 아! 현우 씨가 좋아한다고 했던 그 신인 작가요?

[아! 혀누씨가 조아한다고핻떤 그 시닌 작까요?]

현우: 네. 이 책이 지금 인기가 엄청 많아서

[네. 이채기 지금 인끼가 엄청 마나서]

매일 판매 기록을 경신하고 있대요.

[매일 판매기로글 경신하고읻때요.]

경은: 오, 그래요? 저도 읽고 싶네요.

[오, 그래요? 저도 일꼬심네요.]

현우 씨 다 읽으면 저 좀 빌려주세요.

[혀누씨 다 일그면 저 좀 빌려주세요.]

현우: 네, 알겠어요.

[네, 알게써요.]

Hyunwoo: Kyeong-eun, look at this. Jinyoung Choi's new book came out.

Kyeong-eun: Aha! Is that the new writer you said you like?

Hyunwoo: Yes. This book is so popular right now that they say it's breaking sales records every day.

Kyeong-eun: Oh, really? I want to read it, too. When you're done reading it, please lend it to me.

Hyunwoo: Okay.

Lesson 14

Section I - Complete the Dialogue

1. 그래서 후회 중이에요

2. 그냥 자는 게 나을 뻔했어요

3. 괜히 샀어요

4. 좀 일찍 올걸 그랬네요

5. 지금 와서 생각해 보면, 제가 그때 왜 그랬나 싶어요

6. 어렸을 때 더 많이 여행을 가지 않은 게 후회가 돼요

Section II - Reading Comprehension

<Translation>

What do you regret most now?

Kyung-hwa Kim (68, female)

"I regret that I have lived my life so far according to the expectations of others, rather than living the life that I want."

Yeonwoo Choi (46, male)

"I deeply regret that I spent too much money on eating and hanging out. I should've saved more."

Jina Yu (35, female)

"I'm regretting that I worked so hard when I was younger. It would've been nice if I had done a lot of more fun things."

Dong-geun Kang (28, male)

"I should've tried doing a lot of new things. From now on, I'm planning to do a lot of things that I haven't done before."

So-yeon Kim (20, female)

"I fought with my friend when I was in high school, and I regret that I didn't make up with her before we graduated."

7. d 8. b

Section III - Listening Comprehension

<Transcript>

사람들은 많은 후회를 합니다. "아까 그 사탕 괜히 먹었

다!"같이 작게 후회하는 일도 있고, '돌아가신 어머니께 사랑한다고 더 많이 말할걸 그랬어'처럼 크게 후회하는 일도 있죠. 또 어떤 사람은 일만 너무 열심히 한 것이 후회가 된다고 하는데, 어떤 사람은 일을 열심히 안 한 것이 후회스럽다고 하죠.

이렇게 사람들은 후회를 자주 하는데도 불구하고 후회가 나쁜 것이라고 생각하는 것 같습니다. 그렇지만 후회가 꼭 나쁜 것만은 아닙니다. 우리는 후회 덕분에 실수를 덜 하게 됩니다. 후회하고 싶지 않기 때문에 한 번 더 생각해 보는 거죠. 우리는 후회하기 때문에 반성하고, 반성하기 때문에 성장할 수 있습니다. 여러분이 멋지게 후회하고, 멋지게 성장하기를 바랍니다. 감사합니다.

People have many regrets. There are situations when they regret small things, like, "I shouldn't have eaten that candy earlier," and there are also situations when they have bigger regrets, like, "I should've told my mother who passed away that I loved her more often." Also, some people say that they regret that they worked too hard, and other people say that they regret that they didn't work hard enough.

Just like this, even though people regret things often, it seems like they think that regretting is a bad thing. However, regretting is not necessarily a bad thing. We learn to make fewer mistakes thanks to our regrets. Because we don't want to regret something, we often think twice about it. Because we regret, we reflect, and because we reflect, we grow up. I hope you will all regret well and grow up well. Thank you.

9. b, d 10. d

Section IV - Dictation

11. 막심해요

12. 후회돼요

13. 왜 그랬나 싶어요

Section V - Speaking Practice

석진: 신입 사원 때부터 저금을 열심히 했어야 했는데...

[시닙사원때부터 저그믈 열씸히 해써야 핸는데...]

통장 잔고 보니까 후회가 막심해요.

[통장 잔고 보니까 후회가 막씸해요.]

현우: 그래요?

[그래요?]

저는 20대 때 더 많이 놀지 않은 게 후회돼요.

[저는 이십때때 더 마니 놀지 아는게 후회돼요.]

석진: 현우 씨는 월급 받으면 거의 다 저금했죠?

[허누씨는 월급 바드면 거의 다 저금핸쪼?]

현우: 네, 맞아요.

[네, 마자요.]

지금 와서 생각해 보면, 제가 그때 왜 그랬나 싶어요.

[지금 와서 생가캐보면, 제가 그때 왜 그랜나 시퍼요.]

Seok-jin: I should have started saving money when I first began working... Looking at the balance in my account now, I deeply regret not doing so.

Hyunwoo: Really? I regret not having more fun in my twenties.

Seok-jin: You saved most of your earnings from your paychecks, right?

Hyunwoo: That's right. Thinking about it now, I'm wondering why I did that.

Lesson 15

Section I - Complete the Dialogue

1. 기분 내키는 대로만

2. 기분이 들떠서

3. 기분 전환하고 싶어서

4. 기분 탓일 거예요

5. 것 같은 기분이 들어요

6. 기분이 좀 가라앉는

7. 기분 좋게

8. 기분 좀 풀어요

9. 갈 기분 아니에요

10. 기분 상했어요

Section II - Reading Comprehension

<Translation>

If you start your morning in a bad mood, you spend your day feeling bad. Therefore, starting your morning in a good mood is very important. In order to start your morning in a good mood, you first need to wake up pleasantly. In order to wake up pleasantly, it is important to get enough sleep. If you don't get enough sleep, getting up in the morning will obviously be hard, and you will end up starting your morning annoyed. Secondly, when you get up in the morning, it is good to blink your eyes multiple times. This is because blinking moistens your eyes with tears, and you will find it easier to wake up. Finally, before you go to bed, it is good to prepare the things you will need the next day in advance. If you have to find what you need in the morning after you get up, you might feel like you are pressed for time.

11. b   12. c

Section III - Listening Comprehension

<Transcript>

남자: 예지 씨, 다음 주에 여행 간다고 했죠? 어디로 갈 계획이에요?

여자: 아직 모르겠어요. 이번에는 계획하지 않고, 마음 내키는 대로 여행해 보고 싶어요.

남자: 재미있겠네요. 저는 요즘 인생이 너무 지루해요.

여자: 그래요? 기분 전환이 필요할 땐 쇼핑이 최고죠! 오늘 저랑 백화점 갈래요?

남자: 그럴까요? 가서 옷 좀 사야 되겠네요. 요즘 갑자기 옷들이 다 커진 것 같거든요. 살이 빠졌나 봐요. 너무 속상해요.

여자: 에이, 기분 탓 아니에요? 살 많이 안 빠져 보이는데요? 승완 씨는 항상 건강해 보여요.

남자: 그래요? 그렇게 말씀해 주시니까 _____.

Man: Yeji, you said you would travel next week, right? Where are you planning to go?

Woman: I don't know yet. This time, I'm not going to plan and want to try traveling however I feel like.

Man: That sounds like fun. My life has been so boring these days.

Woman: Has it? When you need to refresh yourself, shopping is the best! Do you want to go to the department store with me?

Man: Shall we? I think I should buy some clothes because it seems like my clothes have become bigger all of a sudden these days. I guess I lost some weight. I really feel upset.

Woman: Well, isn't it that you're just feeling that way? You don't look like you lost that much weight. You always look healthy.

Man: You think so? Hearing that makes me

_____ .

13. a   14. c

Section IV - Dictation

15. 기분 탓인 것 같은데요   16. 혹시 기분 상했어요

Section V - Speaking Practice

예지: 저 스페인어 실력 많이 는 것 같지 않아요?
　　[저 스페이너 실력 마니 느는걷 갇찌 아나요?]

현우: 글쎄요. 기분 탓인 것 같은데요?
　　[글쎄요. 기분 타신걷 가튼데요?]

예지: 너무해요.
　　[너무해요.]
　　실력이 는 것 같아서 기분 좋았었는데,
　　[실려기 는건 가타서 기분 조아썬는데,]
　　그 말 듣고 기분이 가라앉았어요.
　　[그말 듣꼬 기부니 가라안자써요.]

현우: 아, 죄송해요. 장난친 건데 혹시 기분 상했어요?
　　[아, 죄송해요. 장난친건데 혹씨 기분 상해써요?]

Yeji: Don't you think my Spanish has gotten a lot better?

Hyunwoo: I don't know. I think it might just be your imagination?

Yeji: That's too harsh. I thought I'd improved so I was happy, but hearing that I feel down.

Hyunwoo: Oh, I'm sorry. I was just kidding, did I hurt your feelings?

Lesson 16

Section I - Complete the Sentence

1. 승완 씨 먼저 퇴근하세요
2. 먹고 싶은 거 다 말해 봐
3. 나 먼저 갈 테니까
4. 밖에 엄청 추울 테니까
5. 오늘 퇴근 후에 할까
6. 7시까지 공원으로 갈 테니까
7. 조심해서 마셔야 돼
8. 컵은 내가 반납할 테니까

Section II - Reading Comprehension

<Translation>
Monday, May 24

Hyunwoo Sun (5:18 PM)
Hello to all the TTMIK staff!
I'd like to announce a few things about our plan to go hiking together tomorrow.

As I said yesterday, we're going to depart at 6:30 a.m. You will probably find it hard to get up early in the morning, so please go to bed early tonight unless you have something special going on. We're all going to go together by bus, so please meet in front of the office by 6:30.

As for lunch, @Sumin Kim is going to buy some gimbap and bring it, so I think we will eat together when we arrive at the top of the mountain.

I'll buy some chocolate and water that we can eat while we are going up, so you guys don't need to bring anything.

If there happens to be something you want to eat or that you need, please let me know.

Lastly, when you come tomorrow, make sure to bring a long-sleeve shirt.

Since it's May, it's not that cold, but it will probably get cold once we go deeper into the mountain, so it will be good if you have something warm to wear.

Anyway, get a good night's rest at home, everyone, and I'll see you tomorrow morning!

9. c   10. b   11. a

Section III - Listening Comprehension

<Transcript>

남자: 지나야, 어디야? 도착했어?

여자: 나 5분 후에 도착할 것 같아! 너는 어디야?

남자: 나 가고 있는데, 좀 늦을 거 같아서 전화했어.

여자: 아, 그래? 그럼 나 먼저 카페에 들어가 있을 테니까 천천히 와.

남자: _____.

여자: 괜찮아. 나 책 읽고 있을 테니까 도착할 때 전화해.

남자: 알았어! 이따 봐.

여자: 그래.

Man: Jina, where are you? Are you there?

Woman: I think I'll be there in five minutes. Where are you?

Man: I'm on my way, but I think I'll be a little late, so I called you.

Woman: Oh, you will? Then, I'll go into a cafe first

and wait there, so take your time.

Man: _____.

Woman: It's okay. I'm going to be reading a book, so call me when you arrive.

Man: Okay! I'll see you soon.

Woman: See you.

12. b   13. b

Section IV - Dictation

14. 바닥 청소를 할 테니까

15. 내가 꺼내 올 테니까

Section V - Speaking Practice

승완: 석준아, 청소 지금 시작하자.

   [석쭈나, 청소 지금 시자카자.]

석준: 벌써? 알겠어.

   [벌써? 알게써.]

승완: 내가 바닥 청소를 할 테니까, 너는 창문을 닦아.

   [내가 바닥 청소를 할테니까, 너는 창무늘 다까.]

   청소기가 어디 있었지?

   [청소기가 어디 이썯찌?]

석준: 지하실에 있어. 내가 꺼내 올 테니까 여기 있어.

   [지하시레 이써. 내가 꺼내 올테니까 여기 이써.]

Seung-wan: Sukjun, let's start cleaning now.

Sukjun: Already? Okay.

Seung-wan: I will clean the floor, so you wipe down the windows. Where was the vacuum cleaner?

Sukjun: It's in the basement. I'll go get it, so you stay here.

Lesson 17

Section I - Complete the Dialogue

1. c   2. a   3. a   4. c   5. b

Seung-wan, Yu (seungwan@*****.com)
August 20, 20XX

Hello.

I bought a pair of pants from your website last week, but the color is a weird color that I don't like. I would like to return them.

Unless they're really expensive, I usually give clothes I don't like to a friend rather than return them. However, these pants are expensive, so I would like to return them.

Can I return them?

Best regards,
Seung-wan Yu

>>>>
Sohee, Kim (sohee@the******.com)
August 20, 20XX

Hello, Seung-wan Yu!
I am Sohee Kim.

I have confirmed that you ordered one pair of "High End Mens' Pants", and received the pants on August 9th.

Unfortunately, however, if you look at our website, you will see that returns are only allowed within 7 days of the product arriving. Unless there was a problem when you received the product, returns are not allowed.

Instead, exchange is possible within 14 days of receiving the product. You may exchange the product if you like. Please let us know if you would like to exchange it for something else.
Thank you.

Regards,
So-hee Kim

6. b   7. b   8. a   9. c

Section III - Listening Comprehension

<Transcript>
[전화 벨소리]
여자: (통화 중) 응, 석진 오빠. 나 밥 먹고 있어. 다 먹고 전화할게. 응~
남자: 경화 씨, 가족 중에 오빠도 있어요? 동생만 있는 줄 알았는데.
여자: 아, 오빠 없어요. 석진 오빠는 가족 아니고 친한 오빠예요. 한국에서는 가족이 아니어도, 여자가 자신보다 나이 많은 남자를 오빠라고 부를 수 있어요. 제이슨 씨 모르고 있었어요?
남자: 아, 맞다! 알고 있었는데 잠깐 잊었네요. 미국에서는 가족이 아닌 이상, 자신보다 나이가 많아도 오빠나 형이라고 안 부르거든요.
여자: 친한 사람한테 brother, bro라고 하지 않아요?
남자: 네, 그런데 나이가 많아서 그렇게 부르는 건 아니잖아요.
여자: 하하, 그렇네요. 그런데 저는 한국 사람인데도 불구하고, 저보다 나이 많은 남자한테 오빠라고 부르는 게 좀 어색하더라고요. 그래서 아주 친한 사람이 아닌 이상, 오빠라고 안 부르고 그냥 이름 불러요.
남자: 이름을 부른다고요? "석진아!" 이렇게?
여자: 에이! "석진 씨!" 이렇게 부르죠.
남자: 아, 그렇구나.
여자: 네! 제가 그 사람이 나보다 나이가 많다는 것을 아는 이상, 그렇게 부르지는 않죠.

[Phone rings]
Woman: (on the phone) Yeah, Seokjin oppa. I'm eating. I'll call you back after I'm done. Yup.
Man: Kyung-hwa, do you have an older brother? I thought you only had a younger sibling.

Woman: Oh, I don't have an older brother. Seokjin is not related to me. He's a close friend of mine. In Korea, even if someone is not related to them, women can call an older man oppa. You didn't know about it, Jason?

Man: Oh, right! I knew that, but I forgot for a moment because in the US, unless someone is a family member, you don't call an older person oppa or hyeong.

Woman: You guys call a close friend "brother" or "bro", don't you?

Man: Right, but we don't call them that because they are older.

Woman: Haha, you're right. Well, even though I'm Korean, I find it a little awkward to call an older man oppa. Therefore, unless I'm really close to a person, I don't call them oppa. I just call them by their name.

Man: You call them by their name? "Hey, Seokjin!" Like this?

Woman: Oh, come on, I call them like, "Seokjin ssi!"

Man: Oh, you do.

Woman: Yes! If I know for a fact that they are older than me, of course I don't talk to them like that.

10. c   11. a

Section IV - Dictation

12. 천재가 아닌 이상

13. 저도 일단 시작한 이상

Section V - Speaking Practice

캐시: 다니엘 씨, 제이슨 씨가 육 개월 만에

  [다니엘씨, 제이슨씨가 육깨월만에]

  한국어를 유창하게 할 수 있게 되었대요!

  [한구거를 유창하게 할쑤 읻께 된때요!]

다니엘: 네? 천재가 아닌 이상, 그건 불가능해요.

  [네? 천재가 아니니상, 그건 불가능해요.]

캐시: 진짜래요. 천재인가 봐요.

  [진짜래요. 천재인가봐요.]

다니엘: 부럽네요.

  [부럼네요.]

  저도 일단 시작한 이상, 열심히 해 볼 거예요.

  [저도 일딴 시자카니상, 열씸히 해볼꺼예요.]

Cassie: Daniel, Jason said he learned how to speak Korean fluently in only six months!

Daniel: What? Unless he's a genius, that's impossible.

Cassie: He said he really did. I guess he's a genius.

Daniel: I'm jealous. Once I start too, I will do my best.

Lesson 18

Section I - Complete the Dialogue

1. b   2. c   3. c   4. a   5. b

Section II - Translation Practice

6. (그냥) 환불받을까 봐

7. (너) 졸릴까 봐 (내가) 커피 사 왔어

8. 비(가) 많이 올까 봐 걱정이에요

9. (나) 노래방(에) 갈까 봐

10. 아이가 실망할까 봐 아직 말 못 했어요

Section III - Reading Comprehension

<Translation>

TTMIK Counseling Center

Title: I'm bad at saying no. What should I do?
Hello.
My name is Eunjeong Lee, and I am 17 years old. I have a really big concern. I am not good at saying no when other people ask or offer me something. I don't like tteokbokki, but if a friend asks me to

eat tteokbokki with her, I just eat it because I can't refuse. I want to just say, "I don't really want to eat tteokbokki", but I can't say it because I'm worried that she might feel bad. In the past, I had a math exam, and my friend asked me to show her my answers that I wrote on the test paper. I knew that I was not supposed to do it, but I couldn't refuse, so I showed my answers to her. I don't like being like this, but I just can't say no to other people. I'm worried that my friends might hate me if I say no a lot. How can I say no nicely so my friends won't feel upset?

11. b   12. 승완

Section IV - Listening Comprehension

<Transcript>

여자: 나 진짜 운동 시작해 볼까 봐. 요즘 건강이 좀 안 좋아진 것 같아.

남자: 그래? 어떤 운동 시작하려고?

여자: 복싱 해 보고 싶어. 내 친구 주연이가 복싱 배우는데 엄청 멋있더라고.

남자: 복싱? 너무 위험한 운동 아니야? 나도 복싱 배워 보고 싶었는데, 다칠까 봐 걱정돼서 못 하겠더라.

여자: 주연이가 그러는데, 선생님들이 위험하지 않게 잘 가르쳐 주신대. 너도 나랑 복싱 배울래?

남자: 아니. 나는 지금 아침마다 수영하고 있어. 나는 운동할 때 땀이 나는 게 싫거든. 땀이 나면 땀 냄새 날까 봐 운동을 잘 못하겠더라고. 그런데 수영은 땀 냄새 걱정 안 해도 되니까 좋아.

여자: 그렇구나. 난 운동하면 너무 힘들어서 옆 사람이 땀 냄새 나는지 안 나는지 모르겠더라고.

남자: _____.

Woman: I think I should really start exercising. I think I've become a little unhealthy these days.

Man: Have you? What kind of exercise are you going to start doing?

Woman: I'd like to try boxing. My friend, Jooyeon, is learning boxing, and she looks so cool.

Man: Boxing? Isn't that too dangerous a sport? I also wanted to learn boxing, but I couldn't do it because I was worried that I might get hurt.

Woman: Jooyeon said the teachers teach well so it's safe. Do you also want to learn boxing with me?

Man: No. I've been swimming every morning now. I hate sweating when I exercise. If I sweat, I can't exercise properly because I'm worried that I might smell sweaty. However, I like swimming because I don't have to worry about the smell of sweat.

Woman: I see. I feel so tired when I exercise, so I can't tell whether or not the person next to me smells sweaty.

Man: _____.

13. d   14. a

Section V - Dictation

15. 혼자 못 할까 봐 그래

16. 열다가 다칠까 봐

Section VI - Speaking Practice

아빠: 아빠한테 줘.

　　[아빠한테 줘.]

　　아빠가 뚜껑 열어 줄게.

　　[아빠가 뚜껑 여러줄께.]

딸: 아빠, 내가 혼자 못 할까 봐 그래?

　　[아빠, 내가 혼자 모탈까봐그래?]

아빠: 아니, 아빠는 혹시 네가 열다가 다칠까 봐 그러지.

　　[아니, 아빠는 혹씨 니가 열다가 다칠까봐 그러지.]

딸: 아! 걱정 마.

　　[아! 걱쩡마.]

이 정도는 혼자 할 수 있어.
[이정도는 혼자 할쑤이써.]

Dad: Give it to me. I'll open the lid for you.
Daughter: Dad, you're saying that because you think I won't be able to do it myself?
Dad: No, I just worry that you might hurt yourself opening it.
Daughter: Ah! Don't worry, I can do this much by myself.

Lesson 19

Section I - Complete the Dialogue

1. 요즘 왜 이렇게 얼굴 보기가 힘들어요
2. 앞으로는 자주 만나요
3. 5년 전에 보고 못 본 것 같아요
4. 오랜만에 만났는데 하나도 안 변했네요
5. 우리 얼마 만에 보는 거죠
6. 마지막으로 본 게 벌써 3년 전이에요

Section II - Reading Comprehension

<Translation>
September 7, 2021

I met my friend Sukjun today for the first time in a long time. Sukjun is a friend who I used to be close to when we were middle school students, but we naturally grew apart because Sukjun ended up going to the US to study. However, last week, Sukjun messaged me on Facebook. It was so nice to hear from him. I thought Sukjun was still in the US, but he said that he came back to Korea recently. He said he is also living in Seoul now, so we made plans to meet right away.

Actually, I was worried that it might be awkward because we hadn't seen each other for a long

time. However, contrary to my worries, it was not awkward at all. As soon as I saw Sukjun I said, "_____ ㉠ _____." It was really true. Even though it had been 10 years since I last saw him, Sukjun had not changed a bit. His personality was the same, and his unique laugh was also the same as before. So, we had fun like we did when we were middle school students. We talked about what happened during our middle school days and what we are doing lately as well. Sukjun said he is preparing to enter a Korean company these days. Sukjun is a friend of mine who is good at everything, so I think he will be able to enter the company he wants very soon.

I felt like I became a middle school student again because I met Sukjun today. I look forward to the next time I can see Sukjun again.

7. c
8. b
9. 오랜만이야 (You can also use other endings, such as 오랜만이다, 오랜만이네, etc.)
10. 앞으로(는) 자주 연락하고 지내자
11. 10년 전에 보고 못 봤지 or 10년 전에 보고 못 본 거지

Section III - Listening Comprehension

<Transcript>
여자: 어머, 이게 누구야? 석진이 아니야?
남자: 어! 와, 한나 너 진짜 오랜만이다!
여자: 우리 얼마 만에 보는 거지?
남자: 한 2년 됐지? 주연이 결혼식 때 보고 못 봤잖아.
여자: 그렇구나! 저번에도 결혼식에서 봤는데 오늘도 결혼식에서 보네!
남자: 하하, 그러네. 학교 다닐 때는 매일 만났는데, 이제는 누구 결혼식 때만 보게 되네.
여자: 다들 졸업하고 회사 다니느라 바쁘니까 그런가 봐. 요새 어떻게 지내?
남자: 나는 잘 지내지. 학생들한테 한국어 가르치는 일

계속하고 있어. 넌 별일 없어?

여자: 나도 항상 똑같지. 아, 맞다! 나도 곧 결혼해!

남자: 뭐? 결혼? 와, 진짜 축하한다.

여자: 하하, 고마워. 결혼식 전에 애들이랑 다 같이 한 번 만날래? 청첩장도 줄 겸 만나면 좋을 것 같아.

남자: 좋지! 오랜만에 다 같이 만나면 진짜 재밌겠다.

여자: 맞아. 요즘 애들이랑 못 만나서 아쉬웠어. 앞으로는 자주 연락하고 자주 만나자.

남자: 그래. 그럼 우리 다음 달에 만나는 건 어때?

여자: 다음 달 좋아! 내가 애들한테 연락해서 시간 맞춰 볼게!

남자: 그래. 날짜 정해지면 알려 줘!

Woman: Oh my, who is this? Aren't you Seokjin?

Man: Oh! Wow, Hanna! It's been a really long time!

Woman: How long has it been since we last met?

Man: It's been about two years? We haven't seen each other since Jooyeon's wedding, right?

Woman: Oh, you're right! We met at a wedding last time, and we're seeing each other at a wedding today as well!

Man: Haha, right. We met every day when we were at school, but now we only get to meet at someone's wedding.

Woman: I guess because everyone is working after they graduate, so they are busy. How have you been recently?

Man: I'm doing well. I'm still teaching students Korean. Everything going well with you?

Woman: I'm always the same. Oh, right! I'm also getting married soon!

Man: What? Getting married? Wow, congratulations!

Woman: Haha, thanks. Shall we all meet together before my wedding? I think it will be nice to give you guys wedding invitations in person as well.

Man: Sounds good! It has been a while since we all saw each other, so it will be really fun if we can all.

Woman: Right. It was too bad that I couldn't see you all recently. Let's keep in touch and see each other often from now on.

Man: Okay. Then, how about meeting next month?

Woman: Next month is good! Let me contact everyone and try setting the time!

Man: Okay. Let me know when the date has been decided.

12. d   13. c

Section IV - Dictation

14. 이게 얼마 만이에요

15. 앞으로는 자주 연락하고 지내요

Section V - Speaking Practice

예지: 어머, 주연 씨, 오랜만이에요.

  [어머, 주연씨, 오랜마니에요.]

주연: 예지 씨! 이게 얼마 만이에요.

  [예지씨! 이게 얼마마니에요.]

  잘 지냈어요?

  [잘 지내써요?]

예지: 네. 우리 3년 전에 보고 처음 보는 거죠?

  [네. 우리 삼년 저네 보고 처음 보는거죠?]

주연: 맞아요.

  [마자요.]

  예지 씨 유학 가기 전에 보고 처음 보는 거잖아요.

  [예지씨 유학 가기 저네 보고 처음 보는거자나요.]

예지: 너무 반가워요.

  [너무 반가워요.]

  저 이제 한국 왔으니까

  [저 이제 한국 와쓰니까]

  앞으로는 자주 연락하고 지내요!

  [아프로는 자주 연라카고 지내요!]

Yeji: Oh my, Jooyeon, long time no see!

Jooyeon: Yeji! It's been a long time. How have you been?

Yeji: Yeah, this is the first time in three years we're seeing each other, isn't it?

Jooyeon: That's right. It's the first time we're see-
ing each other since you went to study
abroad.

Yeji: It's so good to see you. Now that I'm in Korea,
let's keep in touch more often!

Lesson 20

Section I - Complete the Dialogue

1. 오후 되면 배가 고파질 테니까

2. 혼자 가면 심심할 테니까

3. 저 운동 잘하는 편이거든요

4. 다른 사람이 할 때는 쉬워 보이지만

5. 다른 데보다 좀 비싼 편인데

6. 헬스장에 돈까지 낸 이상

7. 무거운 거 들다가 다칠 수도 있다니까요

8. 제가 몸이 약해 보이지만

9. 안 도와주셔도 된다니까요

10. 혼자 청소하시는 걸 제가 보게 된 이상

Section II - Reading Comprehension

<Translation>

Everyone!

I traveled to Jeju Island last week, and brought
back some "Jeju Island Fruit Chocolates".

I'll leave them next to the vending machine in the
lounge, so please take some to try. As long as you
don't hate chocolate, they are so good that every-
one will like them, so make sure to try some!

6 Comments --

Lee Eunjeong: I just went and tried one, and it's not
too sweet.
I only like chocolate that's not too
sweet. I really enjoyed it!

Park Jooyeon: Wow, I was just thinking I would like
some chocolate! Thank you!

Kim Sumin: I can tell that my colleagues like
chocolate!
I have lots of chocolate at home as
well, but I don't eat them.
I'll bring them all next week, so let's eat
them together!

Seong Yeon-woo: By the way, Sumin, you live quite
far, don't you? If you're going to
bring it all at once, won't it be
heavy?

Kim Sumin: It's fine! I am quite good at carrying
heavy things.

11. 달지 않은 편이네요

12. 다 가져올 테니까

13. 집이 먼 편이잖아요

14. 무거운 것을 잘 드는 편이거든요

15. c

Section III - Listening Comprehension

<Transcript>

여자: 여러분, 안녕하세요! TalkToMeInKorean의 '이야
기'입니다. 오늘은 저희가 '내가 제일 열심히 공부
했을 때'라는 주제에 대해서 이야기해 볼 거예요.

남자: 네. 그런데 저는 그렇게 열심히 공부한 적은 없
는 것 같아요.

여자: 그래요? 승완 씨는 매일 열심히 공부하는 줄 알
았는데요? 퇴근하고 영어 학원도 다니잖아요.

남자: 하루를 후회 없이 살기 위해 노력하는 편이죠.
고등학교 다닐 때 공부 안 한 걸 지금 후회하거
든요.

여자: 그렇군요. 저는 고등학생 때랑 대학생 때 정말 정
말 열심히 공부했어요.

남자: 그런데 지금은 매일 놀기만 하잖아요! 하하.

여자: 아니에요! 제가 매일 노는 것처럼 보이지만, 사실
은 공부를 열심히 하는 편이에요.

남자: 에이, 무슨 공부 하는데요? 예지 씨 공부하는 거
한 번도 못 본 것 같아요.

여자: 저도 공부하죠. 영어 공부도 하고 스페인어 공부도 해요.

남자: 거짓말하지 마세요.

여자: 진짜라니까요! 집에서 혼자 공부하니까 아무도 모를 뿐이에요.

Woman: Hello, everyone! This is TalkToMeInKorean's "Iyagi". Today, we're going to talk about the topic "the time when I studied the hardest".

Man: Right. However, I don't think I have ever studied that hard.

Woman: You haven't? I thought you were studying hard every day. You're attending an English academy after work as well.

Man: I tend to try to spend my days without any regrets because I now regret not having studied when I was in high school.

Woman: I see. I studied really, really hard when I was a high school and college student.

Man: But now, you only hang out every day. Haha.

Woman: No, I don't! I look like I hang out every day, but I actually study quite hard.

Man: Boo, what are you studying, then? I don't think I've ever seen you studying.

Woman: Of course, I study, too! I study English and Spanish.

Man: Don't lie.

Woman: I'm serious! It's just that nobody knows because I study by myself at home.

16. a   17. d

Section IV - Dictation

18. 같아

19. 자주 하는 편이에요

20. 자주 한다니까요

Section V - Speaking Practice

현우: 승완 씨, 운동 좋아해요?

    [승완씨, 운동 조아해요?]

승완: 네, 제가 운동 안 좋아할 것 같아 보이지만

    [네, 제가 운동 안 조아할껀 가타 보이지만]

    굉장히 좋아하고 자주 하는 편이에요.

    [굉장히 조아하고 자주하는 펴니에요.]

현우: 의외네요. 일주일에 운동 한 번 하는 거 아니에요?

    [의외네요. 일쭈이레 운동 한번 하는거 아니에요?]

승완: 자주 한다니까요. 적어도 일주일에 세 번은 해요.

    [자주 한다니까요. 저거도 일쭈이레 세버는 해요.]

Hyunwoo: Seung-wan, do you enjoy exercising?

Seung-wan: Yes. I look like I wouldn't enjoy exercising, but I really like it and exercise pretty often.

Hyunwoo: That's surprising. It's not that you're just doing it once a week?

Seung-wan: I'm telling you I do it often. I exercise at least three times a week.

Lesson 21

Section I - Complete the Dialogue

1. b   2. a

3. a   4. a

5. a   6. a

7. b   8. c

9. b   10. c

Section II - Fill in the Blank

<Translation>

TTMIK TIMES

Singer Yerim Kim, a 30th Birthday Party... "Unexpected Celebration, Really Surprised"

Soccer Player Eun-kyeong Park, "Perhaps the Last Game of My Life... Really Want to Win a Gold Medal"

Environmental Activist Hyunwoo Sun, "The environment in the future will get worse and worse... At least for the sake of my children, we should fix it."

Senator Sohee Kim, "Planning to leave the party"... The reason? "We have very different opinions about politics."

11. 생각지도 못한
12. 생각이 간절하다
13. 생각해서라도
14. 생각이 많이 다르다

Section III - Listening Comprehension

\<Transcript\>

여자: 두루 씨는 어떤 음식을 제일 좋아하세요?

남자: 음... 글쎄요. 좋아하는 음식이 너무 많아서...

여자: 하하. 그러면 다 얘기해 보세요.

남자: 저는 삼겹살도 좋아하고요. 치킨도 정말 좋아해요. 아! 생각만 해도 배가 고파지네요.

여자: 저도 삼겹살이랑 치킨 진짜 좋아하는데! 그러면 어떤 음식을 제일 싫어하세요?

남자: 이건 생각해 보고 말 것도 없어요. 당근이요! 저는 모든 채소를 별로 안 좋아하지만, 당근은 정말 생각하기도 싫어요.

여자: 생각하기도 싫은 정도예요? 하하. 그건 저랑 다르네요. 저는 당근 좋아하거든요.

남자: 저도 이제 건강을 생각해서라도 채소를 많이 먹어야 할 것 같아요.

여자: 맞아요. 두루 씨, 채소 많이 드세요. 삼겹살이나 치킨 드실 때 채소랑 같이 먹으면 되잖아요.

남자: 저는 고기 먹을 때는 채소 생각이 안 나더라고요. 채소랑 같이 먹을 때보다 고기만 먹을 때 더 맛있거든요.

Woman: Duru, what's your favorite food?

Man: Umm... Well, I have too many favorite foods...

Woman: Haha. Then, name them all.

Man: I like samgyeopsal, and I really like fried chicken as well. Ah! I get hungry just thinking about them.

Woman: I also like samgyeopsal and fried chicken! Then, what food do you hate most?

Man: It's not even worth thinking about it this time. Carrots! I don't really like any vegetables anyway, but I don't even want to think about carrots.

Woman: Wow, to the degree that you don't even want to think about them? Haha. I like carrots, so that's not something we have in common.

Man: I think, at least for the sake of my health, I also have to eat a lot of vegetables.

Woman: You're right. Duru, eat a lot of vegetables. When you eat samgyeopsal or fried chicken, you can eat them with vegetables.

Man: I find myself not thinking about vegetables when I eat meat. You know, it tastes better when you eat meat only than when you eat meat with vegetables.

15. F   16. F   17. T   18. F   19. T

Section IV - Dictation

20. 생각만 해도
21. 생각은 없겠네

Section V - Speaking Practice

경화: 나는 고등학교 시절 생각만 해도 기분이 좋아져.
　　　[나는 고등학교시절 생강만 해도 기부니 조아저.]

보람: 진짜? 나는 고등학교 시절은 생각하기도 싫은데.
　　　[진짜? 나는 고등학교시저른 생가카기도 시른데.]

경화: 그래?
　　　[그래?]

그럼 너는 고등학교 선생님 되고 싶은 생각은 없겠네.

[그럼 너는 고등학꾜 선생님 되고시픈 생가근 업껜네.]

보람: 응, 전혀 생각 없지.

[응, 전혀 생가겁찌.]

Kyung-hwa: Just thinking about when I was in high
school, I feel happier.

Boram: Really? I don't like to even think about my
high school days.

Kyung-hwa: Is that so? Then you must never want
to be a high school teacher.

Boram: Nope. Never.

Lesson 22

Section I - Fill in the Blank

1. a   2. b   3. a   4. c   5. b

Section II - Comprehension

6. a   7. b   8. a   9. b   10. c

Section III - Reading Comprehension

<Translation>

TTMIK TIMES

09:58 AM, October 9th, 20XX

On an American TV audition program, a Korean
taekwondo demonstration team reached the final
round. The winning team will receive one million
dollars prize money. The demonstration team
showed amazing taekwondo moves and board
breaking based on the performance theme, "Let's
not lose hope even during difficult times."

Viewers from all over the world said, "It was so
good I couldn't take my eyes off the stage", "Korean

taekwondo is really amazing", "I felt like trying to
learn taekwondo." The demonstration team posted
a thank you message on their official homepage
bulletin board: "We were able to give a great per-
formance thanks to the support of our country."

By Sohee Kim (sohee***@ttmiktimes.com)
TTMIK Times

    11. c   12. b

Section IV - Listening Comprehension

<Transcript>

이제 막 선생님이 되신 여러분, 축하드립니다. 앞으로
교실에서 수업을 해야 한다고 생각하면 걱정이 많으실
것 같아요. 저도 처음 선생님이 되었을 때 걱정이 참 많
았는데요. 이제는 여러분들에게 조언을 해 드릴 수
있는 정도가 되었네요. 오늘 제가, 교실에서 수업할 때
도움이 될 만한 몇 가지 팁을 알려 드리겠습니다.

먼저, 시청각 자료를 많이 사용하세요. 학생들이 수업
중에 책만 보면, 집중력이 떨어질 수 있거든요. 재미있
는 사진이나 동영상을 사용해서 수업하면 학생들이 아
주 좋아할 거예요.

그리고 모든 학생들에게 고루고루 시선을 두세요. 어떤
선생님들은 교실 앞쪽에 앉아 있는 학생들만 보고 수업
을 하시는데요. 그러면 교실 뒤쪽에 앉아 있는 학생들
은 수업에 집중하지 않을 거예요.

마지막으로, 게시판을 많이 사용하세요. 예를 들어, 게
시판에 오늘 학생들이 배운 내용 중에 가장 중요한 단
어를 써 보세요. 그러면 수업이 끝난 후에도 학생들이
계속 그 단어를 다시 보게 되고, 자연스럽게 복습할 수
있을 거예요.

Congratulations to everyone who just became a
teacher. When you think about teaching in a class-

room from now on, you might feel nervous. I was also worried when I first became a teacher. Now, however, I've become a person who can give you all advice. Today, I'm going to give you a few tips that might be helpful when teaching in a classroom.

First, use a lot of audio and video materials. If students look at textbooks only, it can be hard for them to pay attention. If you give a lesson using interesting pictures or videos, students really like it.

Also, look at all the students equally. Some teachers teach while only looking at the students sitting in the front. If you do that, students who are sitting in the back will not pay attention in class.

Lastly, use the bulletin board often. For example, try writing the most important word from the day's lesson on the bulletin board. Then, even after class is over, students will see the word again and again repeatedly, and they will be able to review naturally.

13. a   14. b

Section V - Dictation

15. 시범 수업 때
16. 게시판에

Section VI - Speaking Practice

예지: 박주연 선생님, 이번 시범 수업 때
　　　[박쭈연선생님, 이번 시범수업때]
　　　어떤 시청각 자료 쓰실 거예요?
　　　[어떤 시청각 자료 쓰실꺼예요?]
주연: 아! 게시판에 올려서 공유할게요.
　　　[아! 게시파네 올려서 공유할께요.]
예지: 아, 언제 올리실 거예요?
　　　[아, 언제 올리실꺼예요?]
주연: 오늘 밤에 올릴게요.
　　　[오늘 바메 올릴께요.]

Yeji: Mrs. Park, what audiovisual materials will you use for the demonstration this time?

Jooyeon: Ah! I will upload and share them on the online bulletin board.

Yeji: Oh, when will you upload them?

Jooyeon: I'll upload them tonight.

Lesson 23

Section I - Complete the Dialogue

1. 음악(을) 들으면서
2. 운전하면서
3. 먹으면서
4. 가수이면서
5. 네 마음대로 할 거면서
6. 쓰지도 않을 거면서
7. 화장하면서
8. 자면서
9. 걱정하는 척하면서

Section II - Reading Comprehension

<Translation>

X, X, 20XX

Today, on my way home after work, I experienced something scary and funny. I got off work late today, so it was a little dark on my way home. Since the street was dark, I was a little scared, so I was walking fast. However, when I was almost home, I heard a "clap, clap" sound up ahead. There was a tall man standing near where the sound was coming from. The man was looking at me while smiling and clapping. I was really surprised. I really scared, but I pretended not to be scared and walked the other way. But then suddenly the man said, "Hey!" to me and walked toward me. I was so surprised that I was about to run away. But then, at that moment, the man called out my name—"Eun-kyeong!" The man was my dad. My dad said that he was glad to see me, so he was smiling, and he was clapping to congratulate me for getting off of work. I was surprised because of my dad, but I was also so relieved that the man was my dad.

10. c   11. b   12. a

Section III - Listening Comprehension

<Transcript>
희주: 승완 씨는 요즘 퇴근하면 집에 가서 뭐 해요?

승완: 저는 음악 들으면서 운동해요. 희주 씨는요? 희주 씨도 요즘 운동한다고 들었어요.

희주: 맞아요. 사실 저는 운동하는 거 별로 안 좋아하거든요. 그래서 좋아하는 드라마 보면서 운동해요. 그러면 좀 할 만하더라고요.

승완: 그거 좋은 생각이네요. 오늘부터 저도 운동할 때 드라마 볼래요. 요즘 드라마 볼 시간이 없거든요.

희주: 저는 책을 읽고 싶은데 시간이 없어요. 읽지도 못할 거면서 계속 책을 사기만 하고 있네요.

승완: 밥 먹을 때 책 읽는 건 어때요? 경화 씨가 밥 먹을 때 책을 읽더라고요.

희주: 아, 그렇구나! '경화 씨는 굉장히 바쁜데 도대체 언제 책을 읽을까?'라고 생각했었는데, 식사할 때 읽는 거였군요.

승완: 네, 저도 그렇게 해 봤는데 좋더라고요.

희주: 좋은 방법이네요. 그러면 저도 사 놓은 책들 다 읽을 수 있겠어요.

Heeju: Seung-wan, what do you do when you go home after work these days?

Seung-wan: I exercise while listening to music. How about you, Heeju? I heard that you're also exercising these days.

Heeju: Right. I actually don't really like exercising, so I do it while watching dramas. It becomes a bit more doable that way.

Seung-wan: That's a good idea. Starting today, I'm also going to watch dramas when I exercise. I don't have time to watch dramas these days.

Heeju: In my case, I want to read books, but I don't have time. I'm buying books even though it's obvious that I won't be able to read them.

Seung-wan: How about reading while you eat? I saw Kyung-hwa reading a book while she was eating.

Heeju: Oh, I see! I thought, "Kyung-hwa is really busy. When on earth does she read?" I see that she reads while she eats!

Seung-wan: Yes, I tried it as well, and it was nice.

Heeju: Good idea. Then, I'll also be able to read all the books that I bought.

13. F   14. T   15. F   16. F

Section IV - Dictation

17. 하는 일도 많으면서

18. 집에 가면서

Section V - Speaking Practice

경화: 경은 씨는 하는 일도 많으면서
    [경은씨는 하는 닐도 마느면서]
    드라마는 도대체 언제 봐요?
    [드라마는 도대체 언제 봐요?]

경은: 퇴근하고 집에 가면서 봐요.
    [퇴근하고 지베 가면서 봐요.]

경화: 아, 지하철에서요?
    [아, 지하처레서요?]

경은: 네. 드라마 보면 시간이 금방 가서 좋더라고요.
    [네. 드라마 보면 시가니 금방 가서 조터라고요.]

Kyung-hwa: When on earth do you watch dramas when you have so much work?

Kyeong-eun: I watch them on my way home after work.

Kyung-hwa: Oh, on the subway?

Kyeong-eun: Yes. It's nice because time passes quickly when I watch dramas.

Lesson 24

Section I - Complete the Dialogue

1. 퇴근하신다면서요

   (Person "A" is continuously using the honorific suffix -시- to person "B", so 퇴근하신다면서요 is more appropriate than 퇴근한다면서요.)

2. 먹었다면서요

3. 공부한다면서요

4. 선생님이라면서요

5. 그렇다면서요

6. 그만두신다면서요 (Person "A" is continuously using the honorific suffix -시- to person "B", so 그만두신다면서요 is more appropriate than 그만둔다면서요.)

7. 이사한다면서요

8. 가깝다면서요

9. 잘한다면서요

10. 영어라면서요

Section II - Reading Comprehension

<Translation>

[TTMIK Food] The Pride of the Republic of Korea, TTMIK Soy Sauce Marinated Crab!

I heard TTMIK soy sauce marinated crab is very delicious!

We make the most delicious soy sauce marinated crab in Korea
with soy sauce made from good ingredients.

Big and meaty TTMIK soy sauce marinated crab is 23,000 won for 2 kg!

You can buy it at a very reasonable price.

Q. Why is TTMIK soy sauce marinated crab so affordable?

At TTMIK Food, we grow the vegetables and make the soy sauce ourselves, so our price is affordable. Even though the price is cheap, it's tastier and fresher than other soy sauce marinated crabs!

Q. I heard TTMIK soy sauce marinated crab is not too salty, right?

Right! At TTMIK Food, we make soy sauce that is not overly salty using good beef, apples, pears, and chilies. Soy sauce marinated crab that is not too salty and very healthy! Soy sauce marinated crab that you want to eat again after trying it once! It's available at TTMIK Food!

11. b   12. a

Section III - Listening Comprehension

<Transcript>

여자: 삼촌, 저 소희예요.

남자: 어, 그래! 소희구나. 오랜만에 통화하네!

여자: 네, 삼촌! 생신 축하드려요.

남자: 아이고, 우리 소희가 내 생일을 기억해 줬구나. 고맙네.

여자: 아니에요. 작년에 제가 삼촌 생신을 잊어버려서 죄송했거든요. 그래서 이번에는 기억하고 있었죠!

남자: 그랬구나. 고맙다. 너는 잘 지내고 있지? 이번에 좋은 회사에서 일하게 됐다면서?

여자: 네. 지금 한 달 정도 됐는데 재미있게 잘 일하고 있어요. 지금도 사무실이에요.

남자: 아이고, 전화 빨리 끊자!

여자: 어? 왜요?

남자: 너 지금 사무실이라면서! 일하는 시간인데 통화 오래 하면 안 되잖아.

여자: 지금 점심시간이어서 통화해도 괜찮아요.

남자: 아, 그래?

여자: 네. 아, 삼촌 다음 달에 이사하신다면서요?

남자: 응. 10월 9일 한글날에 이사해! 그날이 쉬는 날이니까 그때 하려고.

여자: 그렇군요. 그럼 삼촌 이사 잘 하시고요! 나중에 이
　　　사하신 새집에 한번 갈게요.
남자: 그래. 소희도 일 열심히 하고 건강하게 잘 지내라.
여자: 네, 삼촌.

Woman: Uncle, this is Sohee.

Man: Oh, yeah! Hi Sohee. It's been a while since we
　　　talked on the phone.

Woman: It has. Happy birthday, Uncle!

Man: Oh, my. My dear Sohee remembered my
　　　birthday. Thanks.

Woman: It's nothing. I was sorry that I forgot your
　　　birthday last year, so this time, I kept it in
　　　mind!

Man: I see. Thanks. You're doing well, right? I heard
　　　that you got a job at a good company this
　　　time.

Woman: Yes. It's been about a month, and I'm hav-
　　　ing fun and doing well at work. I'm in the
　　　office now as well.

Man: Oh, my. Let's hang up!

Woman: Huh? Why?

Man: You said you are in the office now! You're
　　　working, so you're not supposed to talk on
　　　the phone for a long time.

Woman: It's lunch time now, so it's okay to talk on
　　　the phone.

Man: Oh, is it?

Woman: Yes. Oh, I heard you're moving next
　　　month.

Man: Yes. I'm moving on Hangeul Proclamation
　　　Day, October 9th! It's a public holiday, so I'm
　　　planning to move on that day.

Woman: I see. Then, Uncle, I hope your move goes
　　　well! I'll come by to your new house later.

Man: Okay, Sohee. Work hard and stay healthy.

Woman: Yes, Uncle.

13. c　　14. c　　15. c, d

Section IV - Dictation

16. 다음 달에 이사 간다면서요

17. 아직 학생이라면서요

Section V - Speaking Practice

경은: 예지 씨, 다음 달에 이사 간다면서요?
　　　[예지씨, 다음따레 이사 간다면서요?]

예지: 네, 회사 근처로 이사 가요.
　　　[네, 회사 근처로 이사 가요.]

경은: 네? 아직 학생이라면서요!
　　　[네? 아직 학쌩이라면서요!]

예지: 아, 아직 학교 졸업 안 했는데, 취업했어요.
　　　[아, 아직 학꾜 조럽 안핸는데, 취어패써요.]
　　　다음 달부터 출근해요.
　　　[다음딸부터 출근해요.]

Kyeong-eun: Yeji, I heard you are going to move
　　　next month.

Yeji: Yes. I'm moving close to my office.

Kyeong-eun: What? You said you're still a student!

Yeji: Ah, I haven't graduated from school yet, but I
　　　got a job. I start work next month.

Lesson 25

Section I - Complete the Dialogue

1. 이 길로 100미터 정도 가면 왼쪽에 보일 거예요.

2. 이 근처에 화장실이 어디에 있는지 아세요?

3. 왼쪽으로 가면 11번 출구가 있거든요.

4. 이 카페 화장실이 어디예요?

5. 여기서 걸어가기에는 거리가 좀 있어요.

Section II - Reading Comprehension

<Translation>
TTMIK Tour Blog

[Seoul Tour - Recommended Mountain]

A view of Seoul from Inwang Mountain.
It's really pretty, isn't it?

<View of Seoul from Inwang mountain>

Hello, everyone! It's TTMIK Tour!

Today, I'm going to introduce Inwang Mountain, a mountain that you can hike up easily.
Inwang Mountain is beautiful if you go during the day, but it's even more awesome in the evening.
While you are climbing up you can see the sunset, and at the top, you can see the night view.

Q. How long does it take?
: Going up and down takes 2 or 2 ½ hours total

Q. Which way should we go up?
: Gyeongbok Palace station exit 1 → Park → Tiger Statue → Beombawi → Top of Inwang Mountain

There are various courses to the top of Inwang Mountain.
We departed from exit 1 of Gyeongbok Palace station!

If you walk about 300 meters from exit 1 of Gyeongbok Palace station, there's a big park.
If you go up to the right from there, you'll see a tiger statue.
If you go left from the tiger statue, you'll see the Inwang Mountain entrance!

Actually, I'm also not a Seoulite, so I didn't know the way well.
There were a lot of signs from Gyeongbok Palace to the Inwang Mountain entrance.
If you follow the signs as you walk, you'll be able to find your way easily.
If you are unsure, ask someone in front of the park!

Q. Are there any other places that are worth visiting near Inwang Mountain?
Gyeongbok Palace and a traditional Korean village are both near Inwang Mountain.
Also, Hongdae and Seoul station are not too far away,
so I recommend going there before or after you go to Inwang Mountain.
It's a bit of a walk to Hongdae or Seoul station, though, so you should take the bus.

Everyone, how about going to Inwang Mountain this weekend? Let's meet at Inwang Mountain!

Boram Han (boram***@ttmiktour.com)

6. b   7. b   8. d   9. c

Section III - Listening Comprehension

<Transcript>
남자: 저기요, 죄송한데요.
여자1: 네?
남자: 혹시 여기서 교보문고 가려면 어떻게 가야 돼요?
여자1: 교보문고요? 아... 저도 여기 사람이 아니라서
　　　 잘 모르겠네요.
남자: 아, 네. 감사합니다.
(잠시 후)
남자: 죄송한데 혹시 길 좀 물을 수 있을까요?
여자2: 네, 어디 가시는데요?
남자: 교보문고 가려고 하는데요. 어딘지 아세요?
여자2: 아, 네. 이 앞으로 300미터 정도 가셔서, 왼쪽으
　　　 로 가세요.
남자: 앞으로 300미터 간 다음에 왼쪽으로 가면 교보
　　　 문고가 나와요?
여자2: 아니요. 그다음에 다시 오른쪽으로 100미터 정

도 더 가셔야 돼요.

남자: 다시 오른쪽으로 100미터요?

여자2: 네. 거기서 맞은편을 보시면 교보문고가 보일 거예요.

남자: 와, 조금 복잡하네요. 여기서 멀어요?

여자2: 아니요. 멀지는 않아요. 잘 모르겠으면 큰길로 나가셔서 다시 한 번 물어보세요.

남자: 네, 감사합니다.

Man: Excuse me, I'm sorry.

Woman 1: Yes?

Man: By any chance, do you know where I should go to get to Kyobo Bookstore from here?

Woman 1: Kyobo Bookstore? Oh... I'm not from around here either, so I don't know.

Man: Oh, okay. Thank you.

(a little later)

Man: I'm sorry. By any chance, could I ask for directions?

Woman 2: Okay. Where are you going?

Man: I'd like to go to Kyobo Bookstore. Do you know where it is?

Woman 2: Oh, yes. Go about 300 meters forward and go to the left.

Man: If I go 300 meters forward and then go to the left, Kyobo Bookstore will be there?

Woman 2: No. You need to go about 100 more meters to the right again.

Man: 100 meters to the right again?

Woman 2: Yes. If you look across from there, you will see Kyobo Bookstore.

Man: Wow, it's a little complicated. Is it far from here?

Woman 2: No. It's not far. If you're not sure, go out to the main street and ask again.

Man: Okay, thank you.

10. c   11. A

Section IV - Dictation

12. 죄송하지만 길 좀 물을게요

13. 걸어가기에는 거리가 좀 있어요

Section V - Speaking Practice

석준: 저기요, 죄송하지만 길 좀 물을게요.

　　[저기요, 죄송하지만 길 좀 무를께요.]

　　서울역이 어느 쪽이에요?

　　[서울려기 어느쪼기에요?]

행인1: 저도 잘 모르겠네요.

　　[저도 잘 모르겐네요.]

석준: 저기 죄송한데, 혹시 길 좀 물을 수 있을까요?

　　[저기 죄송한데, 혹씨 길 좀 무를쑤 이쓸까요?]

　　서울역이 어느 쪽이에요?

　　[서울려기 어느쪼기에요?]

행인2: 이쪽으로 쭉 가시면 되는데,

　　[이쪼그로 쭉 가시면 되는데,]

　　걸어가기에는 거리가 좀 있어요.

　　[거러가기에는 거리가 좀 이써요.]

　　버스 타셔야 될 거예요.

　　[버쓰 타셔야 될 꺼예요.]

석준: 네, 감사합니다.

　　[네, 감사함니다.]

Suk-jun: Excuse me, I'm sorry, but I need directions. Which way is Seoul Station?

Passerby 1: I'm not sure, either.

Suk-jun: I'm sorry, can I ask you for directions? Which way is Seoul Station?

Passerby 2: You can go straight this way, but it's a bit far to walk. You will need to take a bus.

Suk-jun: Okay, thank you.

Lesson 26

Section I - Complete the Dialogue

1. 혹시 잠깐 시간 좀 내 줄 수 있어요?

2. 시간이 너무 빨리 간다!

3. 영화 보면서 시간을 보내요.

4. 정말 시간을 되돌리고 싶다.

5. 나 완전히 시간 낭비했네.

6. 주말에 시간이 남아돌면 가끔 해요.

7. 좀처럼 운동할 시간이 안 나요.

8. 점심 먹을 시간도 없었어요.

9. 우리 이러고 있을 시간이 없어!

10. 그럴 시간 있으면 나 좀 도와줘.

Section II - Reading Comprehension

<Translation>

Boram Han (boram@******.com)

February 13th, 20XX

Hi, Cassie!

It's been a long time since I last emailed you. How have you been?

I was very busy at work up until last month, so I just couldn't find the time to email you. I didn't even have time to meet my friends while I was working. I had to work even on weekends. Now that I quit, I have some spare time! So, I'm traveling a lot and looking for my next job as well.

How are you doing these days? How's the company you just started working at in the US? How are your mother and father? I have so many questions! Let's make time for a call. A little while ago, I talked to Hyunwoo, who went to France to study, on the phone. We really didn't even notice time passing as we chatted. It was fun to talk on the phone for the first time in a while.

Let's have a chat soon as well. What time would be good to call? It would be good to call you after you get off of work, right? How about between 1 p.m.

and 3 p.m., Korean local time? Let me know when it's convenient for you. I have lots of spare time, so anytime is fine.

I'll wait for your reply!

11. a   12. c   13. d

Section III - Listening Comprehension

<Transcript>

여러분은 하루 중에 얼마나 많은 시간을 스마트폰에 할애하세요? 제가 한 뉴스 기사에서 봤는데요, 10대는 하루에 평균 3시간 18분, 20대는 평균 4시간 9분 동안 스마트폰을 보면서 시간을 보낸다고 합니다. 하루에 4시간은 긴 시간이 아니라고 생각하시는 분도 계실 것 같은데요. 여기서 '하루 4시간'은 평균이라는 것을 기억하셔야 해요. 사람들이 평일에는 스마트폰을 1시간에서 2시간 정도 사용하지만, 주말에는 6시간에서 8시간 정도 사용한다고 합니다. 이렇게 스마트폰을 너무 오래 사용하면, 목과 허리가 안 좋아지기 쉬워요. 또 여러분의 소중한 시간을 낭비하게 될 수도 있고요. 오늘부터 스마트폰 사용 시간을 조금 줄여 보는 건 어떨까요? 건강과 시간은 되돌릴 수 없는 것이니까요.

How much time a day do you spend looking at your smartphone? I saw a news article that said teenagers spend three hours 18 minutes a day on average, and people in their 20s spend four hours and nine minutes a day on average looking at their smartphone. I think there are probably people who do not think four hours a day is a long time. You should remember that "four hours a day" is the average. It says people use their smartphone for one to two hours on weekdays, but on weekends they use it for six to eight hours a day. If you use your smartphone for too long like this, it is easy for your neck and back to hurt. Also, you might end up wasting your precious time. How about trying to reduce the amount of time you use your smartphone a little? Health and time are something you cannot get back.

14. d   15. b   16. 두루, 수민

Section IV - Dictation

17. 시간이 어떻게 가는지
18. 좀처럼 시간이 안 나네요

Section V - Speaking Practice

주연: 저희 호주 다녀온 게 벌써 3년 전이에요.

[저히 호주 다녀온게 벌써 삼년 저니에요.]

경은: 벌써 그렇게 지났어요?

[벌써 그러케 지나써요?]

우와, 시간이 어떻게 가는지 모르겠네요.

[우와, 시가니 어떠케 가는지 모르겐네요.]

주연: 시간을 되돌릴 수 있으면 좋겠어요.

[시가늘 되돌릴쑤 이쓰면 조케써요.]

호주 진짜 좋았는데...

[호주 진짜 조안는데...]

경은: 저도 호주로 또 여행 가고 싶은데

[저도 호주로 또 여행 가고시픈데]

좀처럼 시간이 안 나네요.

[좀처럼 시가니 안나네요.]

Jooyeon: It's already been three years since we went to Australia.

Kyeong-eun: Has it already been that long? Wow, time sure flies.

Jooyeon: I wish I could turn back time. Australia was so nice...

Kyeong-eun: I want to go on vacation to Australia again too, but I just can't find the time.

Lesson 27

Section I - Fill in the Blank

1. a   2. c   3. a
4. c   5. b   6. a

Section II - Reading Comprehension

<Translation>

TTMIK TIMES

Headlines

Actress Kyeong-eun Choi, exercised hard, and looks younger every day... "My skin also got better."

Soccer player Joonbae Moon, went to the Olympics... He scored four goals during the game against the US.

Singer Boram Han, studied English every day, and now studies French as well? "It was hard but I did it."

Students who studied with TTMIK books, "I studied with TTMIK books, I improved my Korean skills a lot."

"There was a 'pop' sound, and then black smoke appeared all of a sudden." Unexplained fire at Seoul station.

People running away after asking to borrow your phone... There are more and more similar crimes.

7. b   8. c

Section III - Listening Comprehension

<Transcript>

남자: 요즘 날씨가 이상해요. 아침에는 엄청 춥더니 지금은 너무 덥네요.

여자: 가을에는 날씨가 자주 바뀌는 것 같아요. 그래서 꼭 겉옷을 가지고 다녀야 해요.

남자: 맞아요. 예지 씨는 오늘 겉옷 가지고 왔어요?

여자: 당연하죠. 저는 오늘 장갑도 가져왔어요.

남자: 겨울도 아닌데 벌써 장갑이 필요해요?

여자: 저는 가을에도 손이 쉽게 차가워지거든요. 어? 그런데 내 장갑 어디 갔지?

남자: 어제는 안경 잃어버리더니 오늘은 장갑 잃어버
     렸어요? 지난번에 지갑도 잃어버렸었죠?
여자: 아니에요! 잃어버렸을 리가 없어요. 아까 출근한
     다음에 장갑을 벗어서 어디에 놨더라?
남자: 사람들한테 예지 씨 장갑 봤냐고 물어볼게요.
여자: 네. 고마워요.
(잠시 후)
남자: 사람들한테 물어봤더니 아무도 예지 씨 장갑 못 봤
     다는데요.
여자: 그래요? 어디 있지...? 아! 찾았다!
남자: 찾았어요? 어디 있었어요?
여자: 가방 안에 있었어요. 안쪽 주머니에 넣어 놨더니 잘
     안 보였네요.
남자: 가방 안에 있었는데 못 찾았던 거예요? 하하. 그래도
     찾아서 다행이네요.

Man: The weather these days is weird. In the morning,
     it was really cold, and now it's too hot.
Woman: In the fall, the weather seems to change
       often. That's why you need to make sure to
       have a coat with you.
Man: Right. Did you bring your coat today?
Woman: Of course. I even brought my gloves today.
Man: It's not even winter, but you need gloves already?
Woman: My hands get cold easily even in the fall. Eh?
       Where are my gloves, by the way?
Man: Yesterday you lost your glasses, and today you
     lost your gloves? Last time, you lost your wallet
     as well, right?
Woman: No! There's no way that I lost them. Where
       did I put my gloves after taking them off when
       I got to work?
Man: Let me ask people if they've seen your gloves.
Woman: Okay, thanks.
(a little later)
Man: I asked people, and nobody said they saw your
     gloves.
Woman: They didn't? Where are my gloves...? Oh! I've
       found them!
Man: You've found them? Where were they?
Woman: They were in my bag. I put them in the inner
       pocket, so I couldn't see them.

Man: They were in your bag, but you couldn't find
     them? Haha. But still, it's a relief that you found
     them.

9. c   10. 은정

Section IV - Dictation
11. 머리가 깨질 것 같이 아프더니
12. 밥 먹고 약 사 먹었더니

Section V - Speaking Practice
희주: 예지 씨, 어디 아파요?
     [예지 씨, 어디 아파요?]
예지: 아침에는 머리가 깨질 것 같이 아프더니,
     [아치메는 머리가 깨질껃까치 아프더니,]
     오후 되니까 온몸에 열이 나네요.
     [오후 되니까 온모메 여리 나네요.]
희주: 몸살감기 아니에요? 저 감기약 있는데, 줄까요?
     [몸살감기 아니에요? 저 감기약 인는데, 줄까요?]
예지: 아니에요. 괜찮아요.
     [아니에요. 괜차나요.]
     아까 밥 먹고 약 사먹었더니
     [아까 밤먹꼬 약 사 머걷떠니]
     조금 나아지고 있는 것 같아요.
     [조금 나아지고 인는건 가타요.]

Heeju: Yeji, are you sick?
Yeji: In the morning my head hurt so bad it felt like
      it was going to split open, and now that it's the
      afternoon, my whole body is feverish.
Heeju: Isn't that the flu? I have some cold medicine,
       should I give you some?
Yeji: No. It's okay. I ate earlier and took some medi-
      cine, so I think I'm getting a little better.

Talk To Me In Korean Workbook

Lesson 28

Section I - Complete the Dialogue

1. 차라리 밥을 드세요.
2. 이렇게 걱정할 바에야
3. 혼자 사는 게 낫죠.
4. 어차피 살 바에는
5. 이왕 지각할 바에

Section II - Comprehension

6. b   7. b   8. c   9. a   10. a

Section III - Listening Comprehension

<Transcript>

남자: 아, 소파를 사려고 하는데 너무 고민돼요.

여자: 마음에 드는 거 사면 되죠. 왜 고민돼요?

남자: 제가 1년 후에 이사를 가거든요. 중고 소파를 사서 잠깐만 쓰고 이사 갈 때 버리는 게 좋을까요? 아니면 새로 사는 게 좋을까요?

여자: 잠깐밖에 못 쓸 바에는 중고로 사는 게 좋지 않을까요? 중고가 훨씬 싸잖아요.

남자: 그런데 돈을 조금만 더 쓰면 새 소파를 살 수 있거든요.

여자: 잠깐만 쓸 거라면서요. 그러면 새 소파 필요 없잖아요.

남자: 아, 새 소파를 사면 이사 갈 때 새집으로 가져가서 계속 쓸 거예요. 중고 소파를 사면 잠깐만 쓰고 이사 갈 때 버릴 거고요.

여자: 아, 그렇군요. 그러면 중고 소파를 살 바에야 돈을 조금 더 써서 새로 사는 게 낫겠는데요.

남자: 왜 그렇게 생각해요?

여자: 새 소파를 사면 깨끗한 소파를 살 수 있고 또 오래 쓸 수 있잖아요.

남자: 음, 그럼 깨끗한 소파를 사서 이사 갈 때 가져가는 게 좋겠네요. 고마워요.

Man: Ah! I'm planning to buy a sofa, and I'm so torn.

Woman: You can buy whatever you like. Why are you torn?

Man: Because I'm going to move in a year. Is it good to buy a used sofa and throw it away after using it for a short time? Or is it good to buy a new one?

Woman: If you won't be able to use it for long, wouldn't it be better to buy a used one? The used one is much cheaper, right?

Man: But if I spend a little more money, I can buy a new sofa.

Woman: You said you will only use it for a short time. Then you don't need a new one.

Man: Ah, if I buy a new sofa, I'm going to bring it when I move to a new house and keep using it. If I buy a used one, I'm going to use it for a short time and throw it away when I move.

Woman: Oh, I see. Then I think it would be better to spend a little more and buy a new sofa if you're just going to buy a used one.

Man: Why do you think so?

Woman: If you buy a new sofa, you can buy a clean one and use it for a long time.

Man: Um, then it will be good to buy a clean sofa and bring it when I move. Thanks.

11. b   12. a   13. 새 소파

Section IV - Dictation

14. 볼 바에는
15. 낫지 않겠어요
16. 볼 바에야
17. 낫죠

Section V - Speaking Practice

다혜: 키가 작아서 무대가 안 보여요.
　　[키가 자가서 무대가 안보여요.]

현우: 이쪽으로 와요.
　　[이쪼그로 와요.]

거기 서서 힘들게 볼 바에는

[거기 서서 힘들게 볼빠에는]

아예 맨 뒤로 오는 게 낫지 않겠어요?

[아예 맨 뒤로 오는게 낟찌 안케써요?]

다혜: 네? 거기서 볼 바에야 차라리 저기 좌석에 앉는

게 낫죠.

[네? 거기서 볼빠에야 차라리 저기 좌서게 안는

게 낟쪼.]

Dahye: I'm so short that I can't see the stage.

Hyunwoo: Come this way. Wouldn't it be better to
just come to the back with me rather
than stand there where it's hard to see?

Dahye: What? Rather than watching from over
there where you are, I may as well go sit in a
seat over there, in that area.

Lesson 29

Section I - Complete the Dialogue

1. 보통 이 시간대에는 차가 안 막히는데

2. 차가 심하게 막혀서 20분 정도 늦을 것 같아요

3. 차가 더 많이 막히는 시간이라서

4. 차가 너무 막히길래 오늘은 차를 두고 나왔어요

5. 이쪽 길은 많이 막히는 것 같으니까

Section II - Reading Comprehension

<Translation>

TTMIK TIMES

**Chuseok holiday, 4.27 million people traveling in
a day… "The traffic will be worse when you come
than when you go"**

During the Chuseok holiday, traffic on the highway
is expected to be really bad. If you look at the
statistics of the Korea Traffic Broadcasting Network,
it appears that 4.27 million people are going to use

the highway per day on average during the holiday,
with the highest number of people expected to
move on Chuseok Day.

During the upcoming Chuseok holiday, traffic is
expected to be worse than last year's Chuseok holi-
day. It appears that traffic will be worse, especially
when people return to Seoul rather than when
they go to their hometown. When traffic is not bad,
it takes about four and a half hours from Seoul to
Busan. However, during this Chuseok holiday, it is
expected to take five and a half hours from Seoul
to Busan, and eight hours when returning from
Busan to Seoul.

Sohee Kim (sohee@******.com)

6. c   7. 경화

Section III - Listening Comprehension

<Transcript>

TTMIK 교통 방송입니다. 오늘도 서울 시내에 차 막히
는 곳이 많습니다. 남산에서 강남 쪽으로 가는 길에는
벌써 차가 많이 늘었습니다. 이곳은 항상 막히는 곳인
데요, 조금 있으면 퇴근 시간이어서 차가 점점 더 많아
지고 있습니다. 강남 쪽으로 가시는 분들은 빨리 출발
하시는 것이 좋겠습니다.
홍대에서 신촌 가는 길도 차가 많이 막히고 있습니다.
이곳은 보통 이 시간대에는 차가 막히지 않는데, 홍대
입구역과 신촌역 사이에 교통사고가 나서 많이 막힙니
다. 신촌역 쪽으로 가시는 분들은 다른 길로 가시는 것
이 좋겠습니다. 지금까지 TTMIK 교통 방송이었습니다.

This is a TTMIK traffic report. Today as well traffic
is backed up in many areas of central Seoul. The
number of cars traveling from Namsan to Gangnam
has already increased greatly. This is a location
where traffic is always bad, and with the evening
rush hour coming soon as well, the number of cars

is increasing steadily. For those of you who plan to head to Gangnam, you'd better depart very soon. The route from Hongdae to Sinchon is also quite congested. Traffic in this area is usually not bad at this time of day, but there was a car accident between Hongik University station and Sinchon station, so traffic is very bad. If you are headed toward Sinchon station, you'd better make a detour. This was a TTMIK traffic report.

8. a   9. b

Section IV - Dictation

10. 각오해야 돼요
11. 거리잖아요
12. 걸렸어요

Section V - Speaking Practice

석진: 오늘 차가 많이 막히네요.

[오늘 차가 마니 마키네요.]

현우: 서울에서는 출퇴근 시간에 운전하면

[서우레서는 출퇴근 시가네 운전하면]

차 막히는 거 각오해야 돼요.

[차 마키는거 가고해야돼요.]

석진: 아무리 그래도 이건 좀 심한 것 같아요.

[아무리 그래도 이건 좀 심한걸 가타요.]

차만 안 막히면 10분 안에 갈 수 있는 거리잖아요.

[차만 안마키면 십뿌나네 갈쑤인는 거리자나요.]

현우: 저 어제도 여기 지나가는 데에 한 시간 걸렸어요.

[저 어제도 여기 지나가는데에 한시간 걸려써요.]

Seokjin: The traffic is bad today.

Hyunwoo: In Seoul, if you drive during rush hour, you should be prepared to get stuck in traffic.

Seokjin: No matter how true that is, I think this is really bad. You know it only takes 10 minutes if traffic is not bad.

Hyunwoo: It took me an hour to pass through here yesterday, too.

Lesson 30

Section I - Complete the Dialogue

1. 하루 종일 그렇게 집에만 있을 바에는 / 네 방 청소 좀 해
2. 밥을 주기가 무섭게 / 다 먹더라고요
3. 오늘 밤을 새는 한이 있더라도 / 이거 다 끝내고 갈 거예요
4. 오랜만에 갔더니 / 많이 변했더라고요
5. 요가 그만두기가 무섭게 / 테니스 배우기 시작했다면서요

Section II - Reading Comprehension

<Translation>

TTMIK Sandwiches

Vegetable Sandwich ----------- 8,000 won
Cheese Sandwich ------------- 9,000 won
Potato Sandwich ------------- 9,000 won
Tuna Sandwich -------------- 9,000 won
Apple Sandwich ------------- 6,000 won
Cola, Sprite --------------- 2,000 won
Milk (strawberry/chocolate) -------- 2,000 won

* You cannot order beverages only.
Thank you for your understanding.

We use fresh ingredients every day.

Orders of more than 10 sandwiches are welcome. (Good for eating in groups at schools, companies, and private institutes.)

Weekdays: 6 a.m. ~ 6 p.m.
Weekends: 8 a.m. ~ 4 p.m.

We offer quick delivery services.
Order call: 02-****-0633

6. c   7. 준배, 희주

<Transcript>

승완: 주연 씨, 요즘 주연 씨가 키우는 고양이 잘 지내요?

주연: 저희 집 고양이요? 잘 지내죠. 근데 고양이 때문에 제가 잘 못 지내요.

승완: 왜요?

주연: 고양이 때문에 잠을 못 자겠어요. 밤마다 밥 달라고 울거든요.

승완: 고양이들이 많이 그런다면서요? 제 친구가 키우는 고양이도 새벽 두 시에 밥 달라고 운대요.

주연: 맞아요! 저희 집 고양이는 새벽 네 시쯤에 울면서 저를 깨워요.

승완: 제 친구는 자다가 깰 바에는 그냥 새벽 두 시까지 안 잔다고 하더라고요.

주연: 저는 일찍 자는 편이라서 그건 못 하겠네요.

승완: 무시하고 그냥 자는 건 어때요?

주연: 그럴 수가 없어요. 전에 무시하고 그냥 잤더니 제 얼굴을 막 때리더라고요.

승완: 그럼 문을 닫고 자면 안 돼요? 문을 열고 자는 한, 고양이가 계속 주연 씨를 깨울 것 같은데요.

주연: 문을 닫고 자도 소용없어요. 제가 문 열어 줄 때까지 문 밖에서 계속 울어요.

승완: 음... 그러면 어차피 일찍 잘 바에는 조금 더 일찍 자고, 새벽 네 시에 일어나서 운동을 하세요!

주연: 새벽 네 시에요? 그럴 바에는 빨리 돈 모아서 고양이 밥 주는 기계를 사는 게 낫겠네요.

승완: 그런 기계가 있어요? 그 기계 왜 안 사요?

주연: 가격이 좀 비싸서 고민하고 있어요.

승완: 그래도 밤마다 자다가 깰 바에는 좀 비싸도 그 기계 사는 게 훨씬 나을 거 같네요.

Seung-wan: Jooyeon, how's your cat?

Jooyeon: My cat? She's doing well, but I'm not doing well because of the cat.

Seung-wan: Why not?

Jooyeon: I can't sleep because of her. She cries for food every night.

Seung-wan: I heard that cats are all like that, huh? My friend said his cat also cries for food at 2 a.m.

Jooyeon: That's right! My cat wakes me up crying at about 4 o'clock in the morning.

Seung-wan: My friend said that if he has to wake up in the middle of the night, he'd rather just not go to bed until 2 o'clock.

Jooyeon: I tend to go to bed early, so I don't think I can do that.

Seung-wan: How about just ignoring her and sleeping?

Jooyeon: I can't do it. I ignored her and kept sleeping in the past, but she kept punching me in the face.

Seung-wan: Can you possibly close the door and go to bed? As long as you sleep with the door open, I think the cat will keep waking you up.

Jooyeon: It's useless even if I close the door and go to sleep. She cries outside the door until I open the door for her.

Seung-wan: Um... Then if you have to go to bed early anyway, go to bed a little earlier, and then get up at 4 a.m. and exercise!

Jooyeon: At 4 a.m.? If I have to do that, it would be better to save up money quickly and buy a cat feeding machine.

Seung-wan: There's a machine like that? Why haven't you bought it?

Jooyeon: It's a bit expensive so I've been thinking about it.

Seung-wan: But if you have to wake up in the middle of sleeping every night, I think it will be way better to buy the machine even if it's a bit expensive.

8. b   9. a   10. d

Section IV - Dictation

11. 시작하기가 무섭게

12. 대단하다더니

13. 한이 있더라도

Section V - Speaking Practice

석진: 경화 씨, 그 마술 쇼 티켓 벌써 매진됐다면서요?

　　　[경화 씨, 그 마술 쑈 티켇 벌써 매진됃따면서요?]

경화: 네, 판매 시작하기가 무섭게 다 팔렸다더라고요.

　　　[네, 판매 시자카기가 무섭께 다 팔렫따더라고요.]

　　　너무 가고 싶었는데...

　　　[너무 가고시펀는데...]

석진: 그 마술사 인기가 대단하다더니 정말이네요.

　　　[그 마술싸 인끼가 대단하다더니 정마리네요.]

경화: 다음에는 제일 비싼 자리를 예매하는 한이 있더라도

　　　[다으메는 제일 비싼 자리를 예매하는 하니 읻떠

　　　라도]

　　　꼭 갈 거예요.

　　　[꼭 갈꺼예요.]

Seokjin: Kyung-hwa, I heard that tickets for that
　　　　　magic show are sold out.

Kyung-hwa: Yes. I found out that they sold out
　　　　　as soon as they went on sale. I really
　　　　　wanted to go...

Seokjin: People say that that magician is really
　　　　　popular, and it is true!

Kyung-hwa: I'll definitely go next time even if I have
　　　　　to reserve the most expensive seat.

iOS   Android

TTMIK Book Audio App

Download our app TTMIK: Audio to listen to all the book audio tracks conveniently on your phone! The app is available for free on both iOS and Android. Search for TTMIK: Audio in your app store.

Learn More Effectively with Our Premium Courses

Gain unlimited access to hundreds of video and audio lessons by becoming a Premium Member on our website, https://talktomeinkorean.com!

Reading Comprehension: News In Korean

▶ 📖 20   Added ⌄

Korean Folk Tales

🎧 📖 30   Added ⌄

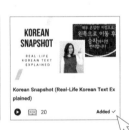

Korean Snapshot (Real-Life Korean Text Explained)

▶ 📖 20   Added ⌄